Meditationsbücher für Frauen

Ellen Sue Stern

Das Leben neu gewinnen

Tägliche Meditationen
zur Überwindung von Trennung
und Abschiedsschmerz

Aus dem Englischen
von Nicole Terwort

SCHERZ

Dieses Buch widme ich
meinen wundervollen Kindern Zoe und Evan.

In dieser Reihe erschienen bisher:

Maureen Brady, Mitten im Leben
Amy E. Dean, Ruhe finden
Caroline Adams Miller, Ich lebe gerne

Die Originalausgabe erschien unter dem Titel
«Starting Over – Meditations for Divorced Women»
bei Dell Publishing, New York.

Erste Auflage 1997

Umschlaggestaltung: Gerhard Noltkämper
unter Verwendung einer Zeichnung
von Slawia Travaglini

Wenn man ein Buch über persönliche Erfahrungen schreibt, ein Buch, das tief aus dem Herzen kommt, dann kann man immer Argumente dafür oder dagegen finden. Auf der einen Seite sind die Themen einfach allzu wirklich und allzu gegenwärtig, zeitweise ist die Erinnerung furchtbar quälend; andererseits profitiert man von einer Fülle persönlicher Einsichten, die sich nur aus dem eigenen Erleben ergeben können.

Ich bin eine alte Veteranin in Sachen Trennung und Scheidung, und das ist, bei allem Schmerz, den ich durchlebt habe, auch ein Segen. Manchmal war der Abschied für mich beängstigend und schmerzhaft, manchmal war er eine überraschende Quelle der Freude. Insgesamt hat mich die Zeit nach der Trennung mit einer Fülle von Aufgaben konfrontiert. Und genau diese Herausforderungen des täglichen Lebens sollen im Zentrum dieses Meditationsbandes für jeden Tag stehen.

Eine Trennung – so viele Schwierigkeiten sie auch mit sich bringt – bietet unglaublich viele Gelegenheiten zum Nachdenken über sich selbst, Gelegenheiten zum persönlichen Wachstum. Wenn wir vom Teil eines Paares wieder zum Single werden, erhalten wir die Chance, unsere Werte zu überprüfen, unseren Lebensstil zu verändern, neue, wichtige Beziehungen einzugehen und unser Augenmerk auf neue Hoffnungen und Träume zu richten. Dies ist eine Zeit tiefgreifender Veränderungen, die zu einer Entdeckungsreise ins eigene Ich führen können, die einem die Chance geben, die eigenen Fähigkeiten unter Beweis zu stellen und aus unserem Leben das Beste zu machen.

Dieses Buch soll ein täglicher Begleiter durch das Auf und Ab der Trennungsphase sein. Es ist keineswegs ein vornehmlich positives und hoffnungsvolles Buch, genauso wie eine Trennung viele düstere Tage und schwere Augenblicke mit sich bringt. Doch es ist mit Worten der Weisheit und Inspiration gefüllt, die Sie führen sollen, während Sie Ihre mutige Reise fortsetzen. Ich schreibe dieses Buch in der Hoffnung, daß die vor Ihnen liegenden Tage voller Heiterkeit und Freude sein werden.

JANUAR

«... bis daß der Tod uns scheide.»

Wir haben es gesagt. Und wir haben es aus vollem Herzen so gemeint. Auch, wenn wir ohne Trauschein zusammengelebt haben, hofften wir, daß es so sein würde.

Aber das Leben verändert sich. Trotz unserer Bemühungen, dem anderen nahe zu sein und alles in unserer Macht Stehende zu tun, damit unsere Beziehung hält, ist sie zerbrochen.

Es ist Zeit, von neuem zu beginnen. Den Kummer, die Trauer und das Selbstmitleid zuzulassen, das uns auch dann befallen kann, wenn wir von unserer Entscheidung überzeugt sind. Und wir müssen unsere Vorfreude zulassen; neben den Schatten des Schmerzes gibt es auch Sonnenschein, wenn wir uns darauf freuen, ein neues, friedlicheres und erfüllteres Leben zu beginnen.

Der heutige Tag ist gleichzeitig Ende und Neubeginn. Wir sollten beides wichtig nehmen, wenn wir die nächste Etappe unserer Reise antreten.

Ich empfinde gleichzeitig Trauer und Dankbarkeit.

Männer und Frauen kommen zusammen und vereinigen sich, doch jede Seele bleibt mit sich selbst allein.

Alice Cary

Als wir zusammenzogen, ob mit oder ohne Trauschein, haben wir geglaubt, daß wir von nun an jemanden an unserer Seite hätten, der mit uns durch dick und dünn ginge.

Jetzt stellen wir fest, daß wir wieder allein sind. Wir sind nicht länger Teil eines Paares, sondern vielmehr ein einsames Individuum, das vollkommen auf sich selbst gestellt ist.

Doch im Grunde sind wir alle einsam. Jeder – ob alleinstehend, verheiratet, getrennt oder geschieden – ist letztendlich allein. Wenn wir ein schweres Schicksal erleiden oder einen großen Triumph erleben, in Augenblicken der Dunkelheit, des Zweifels und der Entscheidungen wird uns klar, wie einsam wir wirklich sind.

Auf gewisse Weise schafft eine Partnerschaft die Illusion der Sicherheit. Diese Illusion ist jetzt zerstört. Wir blicken in den Spiegel und wissen – ob durch dick oder dünn –, wir müssen lernen, uns auf uns selbst zu verlassen.

Ich habe mich selbst.

Ich fürchte mich nicht vor der Dunkelheit draußen. Es ist die Dunkelheit im Innern eines Hauses, die mir angst macht.

Shelagh Delaney

In der ersten Zeit nach meiner Scheidung entwickelte ich die Gewohnheit, sobald ich meine Wohnung betrat, alle Lichter anzumachen. Dann schaltete ich das Fernsehen ein. Und das Radio.

Obwohl ich nun schon seit zwei Jahren geschieden bin, brennen bei mir immer noch zu viele Lampen. Und das Fernsehen hat noch immer eine sehr beruhigende Wirkung, wenn ich nachts nicht einschlafen kann.

Doch Schritt für Schritt gewöhnen wir uns daran, allein in der Wohnung zu sein, ohne fernsehsüchtig zu werden, unzählige Telefonate zu führen oder hinter jedem Möbelstück nachzusehen, ob jemand sich dahinter versteckt. Unterdessen sollten Sie all das tun, was Ihnen ein Gefühl der Sicherheit gibt. Eine Nachttischlampe. Die Fernbedienung des Fernsehapparates. Eine Freundin, die Sie nach Hause begleitet. Das alles sind hervorragende Methoden, um sich selbst das Gefühl zu geben, daß das leere Haus ein sicherer Hafen ist.

Ich darf alles tun, was notwendig ist, um mich in meiner Wohnung sicher und geborgen zu fühlen.

Frauen unterstützen sich gegenseitig, indem sie miteinander teilen.

Barbara Grizzuti Harrison

Wenn Sie jemals Frauen nötig hatten, die sich um Sie kümmern, dann jetzt. Genau jetzt.

Wenn Sie sich bis jetzt noch keine Unterstützung gesucht haben, dann fangen Sie sofort damit an.

Am besten suchen Sie sich eine Selbsthilfegruppe für geschiedene Frauen. Wenn eine solche Selbsthilfegruppe gerade nicht verfügbar ist oder Sie nichts davon halten, dann suchen Sie sich professionellen Rat, der Ihnen dabei hilft, Ihre Gefühle zu ordnen. Ob Sie nun die Hilfe eines Therapeuten oder einer Selbsthilfegruppe in Anspruch nehmen, es ist wichtig, daß Sie Ihre Gefühle mit anderen Frauen, die in einer ähnlichen Situation sind, teilen. Frauen also, die nachvollziehen können, was Sie momentan durchmachen, und die Ihnen Wege aufzeigen, wie Sie diese Situation bewältigen können. Wenn man weiß, daß man nicht allein ist, ist das die größte Hilfe.

Ich werde mich an andere Frauen wenden, um von ihnen Unterstützung zu bekommen.

Lange Zeit schlief ich in der linken Betthälfte, die rechte war ein weites und leeres Feld.

Mary Cantwell

Wir alle sind Gewohnheitstiere, daran gewöhnt, «unseren» Platz am Küchentisch einzunehmen, «unsere» Hälfte der Pizza (die mit den schwarzen Oliven und den Artischocken) zu essen, in «unserer» Betthälfte zu schlafen.

Die andere ist seine Seite, und es kommt uns wie ein Sakrileg vor, die Dinge zu verändern. Aber das ist es nicht. Es tut einfach nur ziemlich weh. Denn wir müssen uns der Wahrheit stellen und die schmerzhafte Wirklichkeit, die eine Trennung darstellt, akzeptieren.

Andererseits hat es auch Vorteile. Wir können uns hinsetzen, wo wir wollen, auch mal die andere Hälfte der Pizza essen und uns über das ganze Bett ausbreiten.

Vielleicht sind Sie bereit dazu, vielleicht auch nicht. Lassen Sie sich viel Zeit, um sich an den Gedanken zu gewöhnen.

Ich kann mich auf die andere Seite des Bettes legen, wenn ich dazu bereit bin.

Ich gehe meistens mit irgendeinem Schundroman und einer Tafel Schokolade ins Bett.

Lady Bird Francke

Und wo wir gerade von den Vorzügen des Allein-Schlafens sprechen, hier ist noch einer:

Als wir verheiratet waren, haben wir uns oft gewünscht, das Bett für uns allein zu haben. Er war auf Geschäftsreise – oder wir –, und wir genossen die Freiheit, im Bett Eis zu essen, bis tief in die Nacht in Illustrierten zu blättern und zu schlafen, ohne beständig um die Bettdecke kämpfen oder ihm beim Schnarchen zuhören zu müssen.

Jetzt ist unser Bett unser privates Asyl. Manchmal ist es einsam, zu anderen Zeiten jedoch ist es ein Segen und eine Erleichterung.

Ich finde es großartig, das Bett für mich allein zu haben.

Ihm, den ich liebe, wünsche ich Freiheit, sogar von mir selbst.

Anne Morrow Lindbergh

Die meisten von uns haben mit sehr ambivalenten Gefühlen ihrem Ex gegenüber zu kämpfen. Wir möchten ja, daß es ihm gutgeht, aber in unseren schlimmsten Augenblicken wünschen wir uns, daß er tot oder zumindest weit weg wäre. Wir wollen nur das Beste für ihn, aber manchmal stellen wir uns vor, daß er einsam, niedergedrückt und furchtbar unglücklich ist; wir leiden doch schließlich auch, warum sollte es ihm dann nicht auch schlechtgehen?

Doch solange wir vom Zorn verzehrt werden und in unserer Bitterkeit gefangen sind, bleiben wir unserem Ex verbunden. Vergebung befreit uns. Es ist ein langer, langer Prozeß, jemanden loszulassen, den wir einmal so sehr geliebt haben.

Ich bin frei, ich kann ihn loslassen.

Für Frauen ist die Scheidung oft eine Straße, die in die Freiheit führt. Für Männer ist sie eher ein goldenes Schiff, das mit vollen Segeln in Richtung Freiheit fährt.

Barbara Ehrenreich

Eine der Schwierigkeiten, die entstehen, wenn zwei Menschen, die zusammengelebt haben, sich trennen, ist die Handhabung der Finanzen, ob man sich nun daran gewöhnen muß, das Konto auszugleichen und neue Kreditkarten zu bestellen, oder ob man sogar den Job wechseln muß, um die Rechnungen bezahlen zu können.

Obwohl heute die meisten Frauen finanziell abgesichert und unabhängig sind, kann es uns immer noch sehr verunsichern, wenn wir alles allein bewältigen müssen.

Aber Sie *sind* nicht ganz allein. In den ersten paar Monaten können Sie eine enge Freundin darum bitten, sich mit Ihnen zusammenzusetzen und die Finanzen mit Ihnen durchzugehen. Vielleicht können Sie sich ja auch einen Finanzberater leisten. Manche Volkshochschulen bieten Seminare an, die Ihnen zeigen, wie Sie finanzielle Schwierigkeiten nach einer Scheidung oder Trennung bewältigen oder vermeiden können.

Dies ist eine Sache, bei der es sich lohnt, etwas Geld auszugeben. Sie werden sich sicherer fühlen.

Ich werde meine Finanzen in Ordnung bringen.

Eine Frau ohne Mann kann nicht mit einem anderen Mann, mit wem auch immer, zusammentreffen, ohne auch nur für den Bruchteil einer Sekunde daran zu denken, daß dies möglicherweise der *Mann ist.*

Doris Lessing

Die «Geschichte mit den Männern» kommt ganz überraschend. Plötzlich bemerken wir den geschiedenen Biolehrer unserer Tochter, oder wir ertappen uns dabei, wie wir im Supermarkt mit einem Fremden flirten oder auf einer Party quer durch den ganzen Raum einen Mann anstarren und verzweifelt zu erkennen versuchen, ob er einen Ring trägt.

Das bedeutet nicht, daß wir schon bereit sind, Verabredungen zu treffen. Es bedeutet erst recht nicht, daß wir bereit sind, uns wieder an jemanden zu binden. Es bedeutet einfach nur, daß wir langsam anfangen, uns wieder der Vorstellung zu öffnen, daß irgendwo da draußen jemand ist, in den wir uns verlieben könnten.

Es tut keinem weh, einen Blick zu riskieren.

Wann immer ich mich mit jemandem treffe, denke ich: Will ich, daß meine Kinder ihre Wochenenden in Zukunft mit diesem Mann verbringen?

Rita Rudner

Während wir nach Männern Ausschau halten, stehen unsere Kinder, sofern wir welche haben, gedanklich bei uns an erster Stelle. Vielleicht haben wir uns wiederholt Sorgen darum gemacht, ob wir wohl jemals einen anständigen Mann finden werden, der sie genauso lieben wird, wie wir es tun.

Wenn wir wieder zu Rendezvous bereit sind, sollten wir die Bedürfnisse unserer Kinder auf jeden Fall im Auge behalten. Trotzdem sollte die Frage, ob wir selbst uns in Gesellschaft des entsprechenden Mannes wohl und geborgen fühlen, im Vordergrund stehen. Vertrauen wir darauf, daß wir, wenn die Zeit gekommen ist, eine gesunde Wahl treffen werden, mit der wir den Bedürfnissen unserer Kinder ebenso wie unseren eigenen gerecht werden.

Vielleicht bin ich ein bißchen zu ungeduldig.

Damit sie ihrem Gatten die Hand mit Würde reichen kann, muß sie in der Lage sein, auf eigenen Füßen zu stehen.

Margaret Fuller

Manche von uns haben jung geheiratet, bevor sie wirklich wußten, wer sie waren und was sie wollten. Und diejenigen unter uns, die Ende Zwanzig oder Anfang Dreißig geheiratet haben, waren vielleicht ebenfalls immer noch damit beschäftigt, ihre Identität zu finden, sogar zu dem Zeitpunkt, als sie «Ja, ich will» sagten.

Jetzt haben wir die Gelegenheit, zu uns selbst «Ja, ich will» zu sagen, und zwar auf eine ganz andere Art und Weise. Ich will mir selbst versprechen, viel Zeit damit zu verbringen, mich wieder selbst kennenzulernen. Ich will mich um mich selbst kümmern, beständig um meine Gesundheit und mein Wohlbefinden bemüht sein. Ich will mir selbst geloben, immer fest mit beiden Beinen im Leben zu stehen, würdevoll, mutig und stark.

Ja, ich will.

Jetzt weiß ich, wie man eine Glühbirne wechselt, einen Schraubenzieher benutzt und das Waschmaschinensieb reinigt, wenn es verstopft ist.

Ellen Sue Stern

Und jetzt zu den Besonderheiten, wenn man auf den eigenen Füßen stehen muß:

Es ist mir richtig peinlich, wie hilflos und unwissend ich während meiner Ehe war. Obwohl ich mich für fähig und unabhängig hielt, schob ich die Verantwortung für viele Dinge, die im und ums Haus erledigt werden mußten und die die meisten Männer einfach können, weit von mir: Schnee schippen, Glühbirnen wechseln, Autoreifen wechseln, das Kamingitter säubern.

Ich kann voller Stolz sagen, daß ich die meisten der oben genannten Aufgaben mittlerweile beherrsche, mit Ausnahme von Schneeschippen (ich lebe in einer Gegend, wo bis zu siebzig Zentimeter Schnee fallen). Ich habe festgestellt, daß man am besten ein paar Arbeiten selbst erledigt und andere von Experten verrichten läßt.

Es ist egal, wie Sie es machen, Hauptsache ist, Sie wissen, wie Sie die Arbeit erledigt bekommen.

Ich schaffe alles.

Das einzige Heilmittel gegen die Angst ist der Glaube.

Lena Kellegg Sandler

Als wir uns mit der Entscheidung herumschlugen, uns von unserem Partner zu trennen, wurden wir mit unserer Angst vor dem Alleinsein konfrontiert. Unserer Angst vor dem Scheitern. Unserer Angst davor, daß unsere Kinder psychische Schäden davontragen könnten und daß wir möglicherweise niemals wieder jemanden treffen werden, der es wert wäre, ihn an uns zu binden.

An manchen Tagen scheinen uns unsere Ängste zu verschlingen; die Wogen unserer Furcht scheinen über unserem Kopf zusammenzuschlagen. Wir wachen mit Alpträumen auf, werden von Schuldgefühlen, Depressionen und Trauer überwältigt.

An anderen Tagen wieder fühlen wir uns einigermaßen gut. Hoffnungsvoll. Optimistisch. Stunden vergehen, ohne daß auch nur eine dunkle Wolke sich in unsere Gedanken schleicht.

Stunden verwandeln sich in Wochen und diese wiederum in Monate, und allmählich verschwindet die Verzweiflung. In der Zwischenzeit sollten wir den Glauben an unsere Genesung stärken. Durch das Gebet, durch einen Spaziergang, durch das Gespräch mit einer Freundin, indem wir Tagebuch führen, indem wir unseren intimsten Gedanken freien Lauf lassen, damit wir die Hilfe bekommen, die unsere Ängste lindern kann.

Mein Glaube bekämpft meine Angst.

Wir hatten eine Menge gemeinsam. Ich liebte ihn, und er liebte sich auch.

Shelley Winters

Das klingt vielleicht zynisch, trifft aber auf so viele Beziehungen zu.

Es ist leicht, sich in einen egoistischen Mann zu verlieben. Wir glauben, daß unsere Liebe ihn so sehr verändern wird, daß er sie uns eines Tages zurückgibt. Wir glauben, daß wir die einzigen sind, die ihn so stark beeinflussen können, daß er seine Selbstbezogenheit überwindet und lernt, zu geben.

Nachdem wir uns verausgabt und unsere emotionale Energie verschwendet haben, wird uns klar, daß Männer, die egoistisch sind, nicht lieben können, egal wie sehr wir uns bemühen. Es ist ein Glück für ihn, daß er eine andere Frau finden wird – und dann wieder eine andere –, die sich selbst bis zur Erschöpfung treiben wird in dem Versuch, ihm das Lieben beizubringen. Und es ist ein Glück für uns, daß wir beim nächsten Mal einen Mann wählen werden, der in der Lage ist, uns mindestens genauso zu lieben wie sich selbst.

Ich werde meine Liebe nie mehr verschwenden.

Es gibt so wenig Unterschied zwischen den Männern, daß man genausogut beim ersten bleiben kann.

Adela Rogers St. John

Ich bestehe darauf, daß es einen Unterschied gibt!

Diese zynische Verdammung aller Männer ist weder ein Grund, unglücklich verheiratet zu bleiben, noch, weiterhin zusammenzuleben. Außerdem tut man den Männern damit Unrecht.

Im Gegenteil! Die Liebe wird von Mal zu Mal besser; die Erfahrung ist eine großartige Lehrerin. Es ist nicht unbedingt so, daß die Männer besser werden. Aber wir lernen unsere Vorlieben und Abneigungen immer mehr kennen und sind eher fähig als früher, gesunde Beziehungen einzugehen.

Auch wenn Sie noch nicht an eine neue Bindung denken: Listen Sie alle Eigenschaften auf, die Sie sich bei einem Partner wünschen. Achten Sie darauf, wie sehr Sie sich verändert haben und wie Sie sich ständig weiterentwickeln.

Ich versuche, mir meinen neuen Partner vorzustellen.

Wir vergeben zuwenig und vergessen zuviel.

Anna Sophie Swetchine

Wir fixieren uns zu sehr auf die schlechten Erinnerungen, vergraben uns in Verbitterung und Enttäuschung. Unterdessen vergessen wir all die schönen Stunden, die wir miteinander verlebt haben; die Stunden, in denen wir zusammen lachten, träumten, einander leidenschaftlich liebten. Wir verdrängen die Erinnerung an den Tag, an dem er uns mit unserem Lieblingsschokoladenkuchen überrascht hat, und die Nacht, die wir gemeinsam damit verbrachten, die Tapete für das Kinderzimmer auszusuchen, sowie den Tag, an dem wir ganz spontan mit unserer alten Klapperkiste in die Berge fuhren.

Es ist wichtig, sich auch an die schönen Zeiten zu erinnern und diese in Ehren zu halten. Sie helfen uns dabei, den Schmerz zu lindern, und zeigen uns, warum wir so lange und so hart gearbeitet haben, um unsere Beziehung aufrechtzuerhalten.

Nicht alles war schlecht.

Wir müssen uns lange quälen, aber wir werden es schaffen.
Janis Joplin

Es spielt keine Rolle, wie positiv wir denken oder wie optimistisch wir sind, es gibt immer noch Tage, an denen wir den Gefrierschrank öffnen, unsere Single-Portion «Chinapfanne» herausnehmen und in Tränen ausbrechen. Tage, an denen auch die kleinste Kritik eine Explosion hervorruft. Tage, an denen wir nachts unser Kissen umklammern und jede Entscheidung unseres Lebens aufs Neue durchleben und in Frage stellen.

Es ist eine Quälerei. Und wir fragen uns, wie wir es schaffen sollen. Aber wir *werden* es schaffen. Weil wir stark sind. Und mutig. Und hauptsächlich, weil wir es schaffen *müssen*, wir haben einfach keine andere Wahl.

Gott sei Dank, morgen ist auch noch ein Tag. Und hoffentlich ein besserer.

Ich werde das durchstehen.

In Wirklichkeit ist die Freundschaft genauso heilig und so ewig wie die Ehe.

Katherine Mansfield

Es gibt nichts Besseres als einen teuren Freund, den wir Tag und Nacht anrufen dürfen, auf den wir uns verlassen können und der uns in jeder Situation eine Stütze ist.

Wenn Freunde sowieso schon immer an erster Stelle in Ihrem Leben gestanden haben, dann sollten Sie sich auch jetzt, da Sie deren Trost besonders nötig haben, an sie wenden. Wenn Sie Ihre Freundschaften Ihrer Partnerschaft immer untergeordnet haben, dann ist jetzt der richtige Zeitpunkt, um diese zu pflegen.

Im Alter und in schweren Zeiten erkennen wir den wahren Wert der Freundschaft. Wir brauchen einen Freund, der uns hält, der uns zuhört und der uns daran erinnert, daß wir auf dieser Welt nicht allein sind.

Ich danke Gott für meine Freunde.

Alleinsein ist unamerikanisch.

Erica Jong

Eine Trennung führt uns auf schmerzhafte Weise vor Augen, daß ein Großteil der Menschheit – wie in Noahs Arche – paarweise aufzutreten scheint.

Einsamkeit ist – besonders wenn wir sie uns nicht wirklich wünschen – ziemlich gewöhnungsbedürftig. Zunächst fühlt man sich seltsam und unbehaglich, wenn man überall allein hingehen muß. Ob ins Restaurant, wo wir das Gefühl haben, daß alle Leute uns anstarren, wenn wir einen Tisch für uns allein haben wollen. Oder ins Kino, wo wir gewohnt waren, mit unserem Partner das Popcorn zu teilen und hinterher über den Film zu diskutieren.

Auf der anderen, der positiven Seite kann Einsamkeit etwas Herrliches sein, wenn wir uns einmal daran gewöhnt haben. Fragen Sie sich selbst: Wie oft haben Sie sich vor der Trennung nach ein paar Stunden gesehnt, in denen Sie sich in die Badewanne legen konnten, ohne gestört zu werden? Wie war das mit all den Filmen, die Sie unheimlich gern gesehen hätten und die ihn niemals interessierten?

Ob verheiratet oder nicht, die meisten von uns könnten ein bißchen Zeit für sich selbst gebrauchen, um das zu tun, was sie tun wollen.

Ich lerne, allein zu sein und es zu genießen.

Salzwasser ist ein Allheilmittel: Schweiß, Tränen oder das Meer.

Isak Dinesen

Weise Worte von einer meiner Lieblingsautorinnen.

Schweiß – durch regelmäßiges Training – hilft auf zwei Arten: Wir fühlen uns gestärkt und neu belebt, und wir verbessern unser Selbstbild, indem wir unseren Körper stählen.

Tränen – wenn wir uns öffnen und ihnen freien Lauf lassen – erleichtern unser Herz, reinigen die Seele und schaffen Raum für ein neues Gefühl der Freude, wie flüchtig es auch sein mag.

Und das Meer ist vielleicht das beste Heilmittel von allen. Es gibt nichts Wohltuenderes als ein Bad im Meer, wenn wir die Wellen über unseren Körper hinwegspülen lassen und uns dann in der heißen Sonne trocknen lassen.

Unglücklicherweise bekommen wir nach einer Trennung nicht automatisch eine Reise nach Jamaika geschenkt. Doch es gibt immer noch das Schwimmbad, vielleicht auch nur die Badewanne, wo wir unsere Sorgen in schmerzlinderndem warmem Wasser abspülen können.

Ich will meinen Schmerzensstrom fließen lassen.

Kluge Frauen wissen: *Mit dem falschen Mann zusammenzuleben, kann erheblich einsamer sein, als mit gar keinem Mann zusammenzuleben.*

Steven Carter, Julia Sokol

Manchmal überwältigt uns unsere Einsamkeit, und wir fragen uns, ob wir nicht besser mit unserem Partner zusammengeblieben wären.

An solchen Tagen ist es wichtig, uns die Einsamkeit ins Gedächtnis zu rufen, die wir *während* unserer Ehe oder unserer Beziehung empfunden haben. Die Tage, an denen wir weglaufen wollten. Die Tage, an denen wir uns mißachtet und mißverstanden fühlten. Die Tage, an denen wir wach im Bett lagen, mit den Tränen kämpften und nicht in der Lage waren, die Kluft zu überbrücken.

Man vergißt leicht, wie einsam man sich gefühlt hat. Aber wir müssen uns an die Zeiten erinnern, als wir – tief im Herzen – wußten, daß es besser ist, allein zu sein, als allein zu lieben.

Ich fühle mich jetzt weniger einsam als vorher.

Ich rannte unter die Dusche und begann zu schreien: «Das ist nicht fair!»

Sara Kay Cohen

Laufen Sie los und schreien Sie. So laut, wie Sie müssen, und so oft, wie Sie es brauchen. Weil das, was passiert, wirklich nicht fair ist. So haben Sie sich das nicht vorgestellt.

Manchmal erscheint es uns, als ob wir uns in einem Meer aus Zorn befänden; je tiefer wir hineinsinken, um so mehr Schichten des Zorns entdecken wir, bis wir befürchten, darin zu ertrinken.

Aber das wird nicht geschehen. Seinem Zorn Luft zu machen – ob man nun in der Dusche schreit, auf das Sofa einschlägt oder auf Gott und die Welt schimpft –, ist zur Genesung notwendig. Lassen Sie sich gehen und lassen Sie Ihrer Wut freien Lauf.

Es ist nicht fair!

Ach hätte ich doch ein dutzendmal Liebeskummer, wenn mir das dabei helfen würde, ein paar Pfund abzunehmen.

Colette

Das ist die Herzschmerz-Diät, und die mißlingt nur selten. Manche trösten sich mit Essen, während andere ganz damit aufhören, teilweise vollkommen übertrieben.

Wenn wir in engere Jeans passen, ist das ein Pluspunkt für unser Ego, aber wir müssen darauf achten, es nicht zu weit zu treiben. Durch vernünftige Ernährung können wir Depressionen abwenden und unsere Kraft erhalten; auch wenn Sie sich darüber freuen, Gewicht zu verlieren, sollten Sie trotzdem darauf achten, sich vernünftig zu ernähren. Setzen Sie gesunde Lebensmittel auf Ihre Einkaufsliste, und nehmen Sie zusätzliche Vitamine zu sich.

Gewichtsverlust kann unser Selbstvertrauen stärken und uns Komplimente einbringen, was prima ist, solange er nicht außer Kontrolle gerät.

Ich werde mich nicht unvernünftig ernähren, um meinen Schmerz zu lindern.

Wenn die Eltern sich trennen, dann hat man das Gefühl, daß die ganze Welt auseinanderbricht.

Zoe Stern

Und wir hätten alles – alles – darum gegeben, um das zu verhindern.

Wir haben uns Sorgen um die möglichen Folgen einer Trennung für unsere Kinder gemacht. Unsere Freunde haben uns immer wieder versichert, daß die Kinder ohne die ständigen Streitereien und Spannungen besser dran wären. Psychologen haben uns versichert, daß die Trennung zwar ein traumatisches Erlebnis für unsere Kinder sei, aber daß sie es überleben würden.

Sie *werden* es überleben, und wir können es ihnen leichter machen: Wir können unsere Kinder ermutigen, ihre Zuneigung ebenso zum Ausdruck zu bringen wie ihren Zorn auf uns. Wir können einen Familientherapeuten aufsuchen oder sie in einer therapeutischen Gruppe anmelden. Wir können – und müssen – ihnen wieder und wieder sagen, daß unsere Trennung nicht ihre Schuld war; sie haben sie nicht verursacht, und sie können die Beziehung auch nicht kitten. Und wir können ihnen sagen:

Es tut mir so leid, daß du leidest.

Er sagte, daß er den schlimmsten Fehler seines Lebens gemacht habe und daß er mich zurückhaben wolle.

Nora Ephron

Sie haben bereits die Scheidungspapiere unterzeichnet, und jetzt ruft er an und sagt: «Ich will dich zurück. Ich habe den schlimmsten Fehler meines Lebens begangen.»

Bewahren Sie einen kühlen Kopf! Sein Verhalten kann drei Ursachen haben:

1. *Er meint es ernst.* In diesem Fall sollten Sie sich fragen, ob Sie interessiert sind. Wenn ja, dann schließen Sie dieses Buch und rufen den besten Ehetherapeuten der Stadt an.

2. *Er ist einsam.* Das verstehen Sie. Tatsächlich hatten Sie schon mehr als einmal den Hörer in der Hand und seine Nummer gewählt, bevor Sie zur Besinnung kamen. Es ist in Ordnung, daß er einsam ist, aber er sollte nicht mit Ihnen darüber reden. Schlagen Sie ihm vor, einen Freund anzurufen.

3. *Er hat Schuldgefühle.* Prima. Dann ermutigen Sie ihn, darüber zu reden. Er kann sein Gewissen erleichtern, und Sie bekommen die längst fällige Entschuldigung.

Eins jedoch wollen Sie garantiert nicht: mit fliegenden Fahnen in seine Arme zurückkehren.

Ich handle überlegt.

Von Frauen ohne Mann heißt es immer noch, daß sie sich kaum über Wasser halten können.

Anna Quindlen

Trotz schwindelerregender Scheidungsraten ist eine alleinstehende Frau in unserer Gesellschaft immer noch mit einem gewissen Ruf behaftet. Denken Sie doch mal über den antiquierten Begriff «alte Jungfer» nach. Gleichermaßen werden geschiedene Frauen oftmals als Versager abgestempelt und als Bedrohung für ihre verheirateten Freundinnen, jetzt, da sie wieder «zu haben» sind.

Es ist eine Schande, wie respektlos Frauen behandelt werden! Von Versagen kann wohl kaum die Rede sein; tatsächlich sollten wir auf unsere Entscheidung, uns von unserem Partner zu trennen, stolz sein. Und warum sollte man denn um Himmels willen annehmen, daß wir auf der verzweifelten Suche nach einem neuen Ehemann sind, wo wir uns doch vielleicht niemals glücklicher und sicherer gefühlt haben als jetzt.

Mit anderen Worten: Wir können uns durchaus über Wasser halten. Tatsächlich schwimmen wir tagtäglich mit kräftigeren und sichereren Zügen, weil wir wissen:

Ich habe alles, was nötig ist, um auf meinem Kurs zu bleiben.

Masturbation sollte man nicht schlechtmachen. Es handelt sich um Sex mit jemandem, den ich liebe.

Woody Allen

Nach einer Trennung muß man nicht unbedingt abstinent bleiben. Ob wir momentan eine intime Beziehung haben oder nicht, es ist wichtig, weiterhin unsere Sexualität zu pflegen. Man kann auf vielerlei Weisen berühren und berührt werden. Sie können sich von Freunden in den Arm nehmen lassen. Sich massieren lassen. Lange, sinnliche Bäder mit Musik, Räucherstäbchen und Kerzen nehmen. All das sind Möglichkeiten, die uns dabei helfen, uns zu entspannen und in Kontakt mit uns selbst zu bleiben.

Masturbation ist eine weitere, vollkommen gesunde Möglichkeit. Sie ist gut für Körper und Seele. Nehmen Sie sich Zeit, um Ihren Körper zu verwöhnen, auf jede Art und Weise, die Ihnen guttut, und so oft, wie Sie es wollen.

Ich werde auf die sexuellen Bedürfnisse meines Körpers hören.

Ein einziger dankbarer Gedanke gen Himmel ist das vollkommenste Gebet.

Gotthold Ephraim Lessing

Dankbarkeit ist ein weiteres Mittel gegen die Verzweiflung. Halten Sie einen Augenblick lang inne, und richten Sie Ihren Blick auf all die wunderbaren Schätze Ihres Lebens: Ihre Familie, die Sie liebt. Ihre Freunde, die Sie unterstützen. Ihre Arbeit, die Sie nicht nur finanziell unabhängig, sondern auch gesund erhält. Die hübschen Gesichter Ihrer Kinder und deren Vertrauen. Sonnenschein im Dezember. Die Narzissen, die vor der Küchentür zu blühen beginnen.

Wenn wir das Positive erkennen, lindert das unseren Schmerz. Wir rücken die Dinge wieder ins richtige Licht, wenn wir uns – auch in dieser schwierigen Zeit – daran erinnern, für wie vieles wir dankbar sein können.

Heute bin ich dankbar für alle Schätze meines Lebens.

Wo nichts mehr zu enträtseln bleibt, hört unser Anteil auf.
Ernst Freiherr von Feuchtersleben

Wir haben viele Fragen, manche befassen sich mit den konkreten Problemen des Alltags (Was soll ich mit diesem Brief machen? Soll ich ihn ihm zuschicken?) und andere mit tiefgreifenderen Problemen (Werde ich meinen inneren Frieden jemals wiederfinden?).

Wir haben erheblich mehr Fragen als Antworten, wie es für die Übergangsphase von einem Lebensabschnitt in den nächsten typisch ist. Wir sind nicht sicher, wer wir sind, was wir wollen oder wohin wir gehen. Oftmals lassen wir uns von der Unsicherheit überwältigen.

Wir können uns von der Angst verwirren lassen, oder wir können die Fragen willkommen heißen, uns der Spannung hingeben, diese Zeit intensiver Innenschau akzeptieren und versuchen, diese Reise mit unbekanntem Ziel abenteuerlustig zu beginnen.

Wer weiß, wohin uns das führt?

Nicht, daß die Liebe geht, schmerzt mich, sondern, daß sie es in kleinen Schritten tut.

Edna St. Vincent Millay

Obwohl es ein kritischer Augenblick gewesen sein mag, in dem wir uns entschlossen haben, uns scheiden zu lassen, verschwand unsere Liebe nicht von einem Augenblick auf den anderen. Vielmehr haben die «kleinen Dinge» über einen langen Zeitraum hinweg Stück für Stück unsere Liebe abgetragen: Er hat unseren fünften Hochzeitstag vergessen, wir haben aufgehört, zusammen in die Kirche zu gehen, und da war das eine Mal, als ich die Grippe hatte, die Kinder ebenfalls krank waren und er trotzdem mit seinen Freunden zum Fischen ging.

Stück für Stück türmten sich die kleinen Verletzungen auf. Wir begannen zu glauben, daß wir nicht zusammenpaßten, ohne überhaupt zu merken, daß wir uns voneinander entfernt hatten, bis zu dem Tag, an dem es offensichtlich war, daß unsere Ehe vorbei war und daß es Zeit war, Lebewohl zu sagen.

Meine Liebe ist auf viele Arten und über viel Zeit hinweg gestorben.

Und allen Stimmen der Weisheit, die mir auf meinem Weg ihren Rat zugeflüstert haben ...

Dhyani Ywahoo

... danke ich.

Diese Worte klingen wie ein Gebet. Und wie eine süße Erinnerung daran, den Stimmen Beachtung zu schenken, die einen beruhigen und trösten.

Es gibt viele Arten, auf die wir zuhören können: Indem wir uns eine Liste aller hilfreichen Ratschläge machen, die wir von Freunden erhalten haben. Indem wir uns mit inspirierenden Zitaten umgeben, die wir uns an den Spiegel oder an den Kühlschrank kleben. Indem wir uns für ein Seminar einschreiben oder an einem Gottesdienst teilnehmen und die geistlichen Texte lesen, die unser Herz direkt berühren.

Welche Stimmen der Weisheit sprechen zu Ihnen?

Ich bin offen für gutgemeinte Ratschläge anderer.

FEBRUAR

«Ich glaube, daß es Geduld ist, was die Liebe ausmacht», sagte er, «denn wie könnte man jemanden ohne Geduld lieben?»

Jane Howard

Warum brauchen wir so lange, bis wir uns besser fühlen? Warum können wir die Vergangenheit nicht hinter uns lassen und einfach unser Leben fortsetzen?

Man kann nicht darum herumgehen, man muß hindurchgehen. Eine Scheidung zu verarbeiten, braucht einfach so lange, wie es halt braucht. Und deshalb ist Geduld so wichtig.

Wir benötigen Geduld, wenn wir uns schrittweise wieder daran gewöhnen wollen, allein zu leben. Wir brauchen Geduld mit den Menschen in unserer Umgebung, die nicht immer so genau wissen, wie sie uns trösten und unterstützen sollen. Und vor allem brauchen wir Geduld mit unseren eigenen zerrissenen Gefühlen, während wir Schritt für Schritt wieder gesund werden.

Lieben Sie sich selbst und haben Sie Geduld mit sich. Geben Sie sich so viel Zeit wie Sie brauchen, um diese Übergangsphase zu bewältigen.

Ich will Geduld mit mir selbst haben.

Halten Sie sich nicht für Ihre Männer fit. Tun Sie es für sich selbst.

Jane Fonda

Stimmt, Jane! Es ist doch immer wieder schön, solche Worte der Unterstützung von einer der berühmtesten Feministinnen unserer Zeit zu hören.

Sie hat recht. Die meisten von uns sind so erzogen worden, daß sie an ihrem Körper «arbeiten», um auf Männer attraktiv zu wirken. Ob bewußt oder unbewußt, wir hielten Diät, trieben Sport und studierten die Ratschläge in Frauenzeitschriften, damit die Männer in unserem Leben uns anziehend und sexy fanden.

Jetzt wird uns klar, wie wichtig Sport für unser eigenes Wohlbefinden ist. Wir halten uns fit, weil wir unsere Gesundheit und unser Wohlbefinden schätzen. Weil es nichts Besseres gibt als ein hartes, schweißtreibendes Training, um unseren Körper jung zu erhalten. Und weil wir energischer, vitaler und lebendiger sind, wenn wir uns gut fühlen und gut aussehen. Einfach nur für uns selbst.

Ich werde einen Plan für ein regelmäßiges Training aufstellen. Und wenn es nur zehn Kniebeugen am Tag sind.

Das Schöne an Gemeinschaftsarbeit ist, daß man immer noch ein paar andere Menschen hat, die einem zur Seite stehen.

Margaret Carty

Vielleicht fühlen wir uns jetzt, als ob wir unseren Teamkameraden verloren hätten; den einen Menschen, auf den wir uns immer verlassen konnten, der uns bedauerte, wenn wir einen Mißerfolg erlitten, und sich mit uns freute, wenn wir erfolgreich waren.

Aber eine gute Erfolgsmannschaft besteht immer aus mehr als nur zwei Spielern. Mit anderen Worten, es wird Zeit, daß Sie andere Mitglieder Ihrer Mannschaft um Unterstützung bitten: Freunde, Eltern – wenn vorhanden –, sogar Kollegen oder Kinder, solange wir uns nicht von ihnen abhängig machen, können uns neue Kraft geben, wichtigen Trost und Unterstützung, wenn wir sie jetzt bitten, uns zur Seite zu stehen.

Ich werde eine neue Erfolgsmannschaft zusammenstellen.

Jahrelang hat mein Ehering seine Funktion erfüllt. Er hat mich immer vor Versuchungen bewahrt.

Erma Bombeck

Unser Ehering war ein konkretes Symbol der Verpflichtung, die wir eingegangen sind, und erinnerte uns beständig daran, daß unser Gelöbnis mögliche Flirts, Abenteuer oder außereheliche Affären ausschloß.

Es gibt jetzt keinen Ehering mehr, der uns von anderen Männern fernhält. Jetzt müssen wir uns auf unseren eigenen gesunden Menschenverstand verlassen, mit dessen Hilfe wir verantwortungsvolle Entscheidungen treffen wollen. Wir haben nur noch uns selbst, wir müssen niemanden mehr fragen und niemandem mehr Rede und Antwort stehen. Wenn wir der Welt gegenübertreten, werden wir weder beschützt noch daran gehindert, unserem Herzen zu folgen.

Ich vertraue meinem eigenen Urteilsvermögen, wenn es darum geht, neue Beziehungen einzugehen.

Ein weiterer Vorteil, wenn man allein auf Einladungen geht, ist der, daß keiner glaubt, eine Unterhaltung mit der Frage eröffnen zu müssen, was der Partner denn beruflich macht.

Ann P. Harris

Andererseits könnte es auch sein, daß keiner sich mit Ihnen unterhält. Keinem ist vielleicht klar, wie hart es zunächst einmal für Sie war, hierherzukommen, und wie allein Sie sich jetzt fühlen.

Ich werde niemals die erste Party nach meiner Scheidung vergessen. Ich versteckte mich stundenlang im Badezimmer, um frischen Eyeliner aufzutragen, und verbrachte die restliche Zeit damit, in einer Ecke zu stehen und nervös einen Drink in den Händen zu balancieren. Ich wünschte mir, daß jemand – insbesondere einer der beiden Männer, die *keinen* Ehering trugen – zu mir herüberschlendern und ein Gespräch anfangen würde.

Mit der Zeit wird es leichter. Das Schlimmste an Einladungen ist für mich jedoch auch heute noch das Gefühl, einen Begleiter zu brauchen.

Aber wir brauchen keinen. Sobald Sie bereit sind, gehen Sie. Gehen Sie mit einem Freund oder einer Freundin. Oder gehen Sie allein. Sie werden sich amüsieren, vielleicht treffen Sie interessante neue Leute, und schließlich werden Sie stolz auf sich selbst sein, weil Sie so einen großen Schritt nach vorn gemacht haben.

Manchmal lohnt es sich, sich selbst zum Ausgehen zu zwingen.

Aber immer nur zurückzublicken, ist langweilig. Das Morgen ist viel aufregender.

Natalia Makarowa

Über die Vergangenheit nachzudenken und ihr nachzuspüren, ist notwendig für den Heilungsprozeß. Aber das gleiche gilt für die Hoffnung. Nach vorn zu schauen – auf all das, worauf wir uns freuen können –, lindert unser Leid und macht es uns möglich, den Tag zu überstehen.

Es ist egal, wie traurig wir sind, es gibt immer noch Hoffnung, etwas Optimismus, dem wir freien Lauf lassen können, einen Ausflug mit der Familie, auf den wir uns freuen können, eine neue Herausforderung bei der Arbeit oder ein Abendessen mit einer Freundin, die wir schon lange nicht mehr gesehen haben.

Nehmen Sie sich jeden Tag etwas Zeit, um sich auf etwas zu konzentrieren, das Sie mit einem Gefühl der Freude und der Aufregung verbinden. Fangen Sie gleich damit an:

Ich freue mich auf meine Zukunft.

Ich frage niemals: «Warum ich?», denn dann müßte ich «Warum ich?» auch bei allen großartigen Dingen fragen, die es in meinem Leben gibt.

Arthur Ashe

Diese scharfsinnigen Worte eines amerikanischen Tennisasses fielen wenige Monate, bevor er an AIDS starb. Er spricht zu jedem von uns, der mit der Frage kämpft: «Warum ich? Warum muß ausgerechnet ich diesen Schmerz ertragen?»

Aber es ist, wie Ashe sagt: Wenn wir unser Unglück in Frage stellen, dann müssen wir das gleichermaßen auch mit den guten Dingen tun, die uns gegeben wurden und die wir immer noch bekommen: Warum bin ich beruflich aufgestiegen? Warum habe ich so gute Kinder? Warum bin ich gesund, bin finanziell abgesichert und habe ein paar Freunde, auf die ich mich verlassen kann, wenn ich sie brauche? Vielleicht gibt es keine Antwort auf die Frage «Warum?». Das einzige, was wir tun können, ist, das Gute und das Schlechte gleichermaßen zu akzeptieren.

Darum.

Man nimmt sein Leben in die Hand – und was passiert? Etwas Schreckliches: Man kann niemandem mehr die Schuld geben.

Erica Jong

Es liegt in der Natur des Menschen, den anderen für alles verantwortlich zu machen. «Wenn er nicht so egozentrisch gewesen wäre, hätten wir uns nicht scheiden lassen müssen.» «Wenn er ein besserer Vater gewesen wäre, dann hätte sich alles zum Guten gewendet.»

Das mag gerne stimmen, aber es bringt uns keinen Deut weiter, jetzt, da wir uns entschlossen haben, uns scheiden zu lassen.

Schuldzuweisungen sind einfach nur ein Mittel, um persönliche Verantwortung von sich zu weisen und die Augen davor zu verschließen, wie festgefahren wir sind und daß wir jetzt über uns selbst hinauswachsen müssen. Jetzt stellt sich uns eine der größten Aufgaben nach der Trennung: Wir müssen handeln. Wir müssen damit aufhören, jemandem die Schuld zuzuschieben, und beginnen, die ersten Schritte in Richtung einer positiven Veränderung in unserem Leben zu machen.

Ich nehme mein Leben in meine eigenen Hände.

Liebe ist letztendlich doch nichts anderes als Selbstanerkennung.

Sondra Ray

Als wir noch mit unserem Partner zusammenlebten, suchten wir natürlich seine Anerkennung und seinen Beifall. Ganz egal, wie unabhängig wir waren oder wieviel Selbstvertrauen wir hatten, seine Komplimente, seine Zustimmung und seine Aufmerksamkeit bewirkten, daß wir uns in unserer Haut viel wohler fühlten.

Nach einer Trennung erlebt unser Selbstwertgefühl einen regelrechten Sturzflug. Es ist niemand mehr da, der uns lobt, bewundert und sexy findet.

Aber Sondra Ray hat recht. Früher einmal hatten wir die innere Kraft und Überzeugung, die notwendig war, um einen anderen Menschen zu lieben und uns an ihn zu binden; jetzt können und müssen wir genau diese Kraft und Überzeugung aufbringen, um uns selbst zu lieben. Nehmen Sie sich einen Augenblick lang Zeit, um sich bewußtzumachen, warum Sie etwas Besonderes sind. Etwas Liebenswertes. Einzigartiges.

Ich bin etwas Besonderes.

Es ist unmöglich, zu scheitern.

Susan B. Anthony

Wir neigen dazu, die Vergangenheit zu bereuen, und halten eine Scheidung oder Trennung für einen Mißerfolg: Es muß doch irgend etwas geben, das wir hätten tun können, um diese Entwicklung zu vermeiden. Aber vielleicht ist eine Trennung unter den gegebenen Umständen ja auch ein Zeichen des Erfolgs – ein positiver nächster Schritt auf unserer Reise, unumgänglich, notwendig und absolut richtig.

Es ist ganz natürlich, daß man nach einer Trennung die eigene Zuversicht dahinschwinden sieht. Aber während wir den Blick auf den Pfad richten, der vor uns liegt, können wir unsere Angst vor dem Scheitern überwinden, voller Zuversicht, daß er uns nicht in die falsche, sondern lediglich in eine neue Richtung führt, die voller Herausforderungen ist.

Voller Zuversicht beschreite ich den Weg in mein neues Leben.

Wenn Sie den Krieg mit der Mutter Ihrer Kinder weiterführen wollen, dann machen Sie Ihre Kinder zu Kriegswaisen.

Gerald Hill

Es ist wichtig, sorgfältig und bewußt darüber nachzudenken, in welche Lage wir unsere Kinder im Hinblick auf unseren Ex bringen. Selbst die verantwortungsvollsten Mütter lassen ihre Kinder unwissentlich für den inneren Aufruhr zahlen, der die Folge ihrer Trennung ist.

Wir können unsere Kinder gegen unseren Expartner einsetzen oder zu Friedensstiftern machen – sie dazu benutzen, Botschaften zu übermitteln oder Streitereien zu erleichtern. Wir können unsere Kinder zu Gefangenen machen – indem wir sie zwingen, unseren Schmerz zu teilen oder zwischen uns und unserem Expartner zu wählen.

Das ist gefährlich und schadet allen Beteiligten. Wenn eine dieser Varianten auf Sie zutrifft, sollten Sie professionellen Rat suchen. Tun Sie es für sich selbst. Tun Sie es für Ihre Kinder. Sie alle haben etwas Besseres verdient.

Ich werde meine Kinder nicht zur Wahl zwischen meinem Ex und mir zwingen.

Ich glaubte, daß «etwas» besser als «nichts» war. Jetzt weiß ich, daß manchmal «nichts» besser ist als «etwas».

Glenda Jackson

Vielleicht sind wir so lange mit unserem Partner zusammengeblieben, weil wir Angst vor dem Alleinsein hatten. Was wir hatten – wie frustrierend, leer oder einfach nur schrecklich es auch gewesen sein mag –, erschien uns besser als nichts. Wir gaben uns mit wenig zufrieden, selbst, wenn noch nicht einmal mehr unsere fundamentalsten Wünsche und Bedürfnisse erfüllt wurden.

Um ihn zu verlassen, brauchten wir Mut, denn wir mußten uns der Leere stellen. Aber in der Leere ist eine Lichtung. Wir werden den Raum mit neuen, erfüllteren Beziehungen beleben. Es ist ein Raum, den wir mit neuen Aktivitäten ausfüllen können, die uns guttun. Ein Raum, den wir mit jenem inneren Frieden ausfüllen können, der jeden Tag weiter in uns wächst.

Ich werde mich niemals wieder mit so wenig zufriedengeben.

Der einzige Mut, der wichtig ist, ist der, mit dem man von einer Minute zur nächsten kommt.

Mignon McLaughlin

Der erfolgreiche Wahlspruch der Anonymen Alkoholiker «Immer nur einen Tag auf einmal» ist ein weiser Rat für diejenigen unter uns, die sich von den Folgen einer Trennung erholen. «Ich habe die letzten fünfzehn Minuten überstanden. Ich komme hervorragend voran!» «Heute war ein harter Tag, aber ich habe es geschafft. Morgen wird es sogar noch besser laufen.»

Der Gedanke daran, wie wir den Rest unseres Lebens überstehen sollen – geschweige denn erfolgreich meistern sollen –, überfordert uns vielleicht. Dafür braucht man mehr Mut und mehr Phantasie, als die meisten von uns aufbringen können. Aber wenn wir unser Leben in überschaubare Zeitabschnitte – Tag für Tag – aufteilen, erkennen wir, daß wir es schaffen können und werden.

Immer nur einen Tag auf einmal.

Wer das Ehegelübde bricht, bricht Herzen, egal wie viele Gründe er sich immer wieder vor Augen hält.

Ellen Sue Stern

Wenn wir uns ein Bein gebrochen haben, legen wir uns hin, treten kürzer und pflegen uns so lange, bis wir wieder gesund sind.

Genauso müssen wir vorgehen, wenn unser Herz gebrochen ist. Wir legen uns hin, nehmen uns Zeit in unserem übervollen Kalender, um uns auszuruhen, zu entspannen und unsere Energie wiederzugewinnen. Wir genesen, indem wir kürzertreten, dem Drang widerstehen, zur Tagesordnung überzugehen, und uns statt dessen all die Zeit nehmen, die wir zur Erholung brauchen. Und wir genesen, indem wir uns pflegen, uns verwöhnen und hegen, bis unser Geist wieder auf dem Wege der Besserung ist.

Ich werde mein gebrochenes Herz pflegen und genesen lassen.

Es gibt keine Antwort. Es wird keine Antwort geben. Es hat niemals eine Antwort gegeben. Das ist die Antwort.
Gertrude Stein

Ständig suchen wir nach Antworten auf unsere Fragen. Habe ich die richtige Entscheidung getroffen? Werde ich meinen Entschluß jemals bereuen? Gibt es etwas, das ich hätte tun können, damit meine Ehe weiterhin funktioniert hätte?

Gertrude Stein hat wahrscheinlich recht. Vielleicht gibt es keine eindeutigen Antworten auf die Fragen, die uns nachts wachhalten, oder zumindest keine, die gut genug sind, um unsere Zweifel zu zerstreuen und uns inneren Frieden zu schenken.

Doch trotzdem kommen immer wieder neue Fragen auf. Die Antworten zu finden, ist viel weniger wichtig als das Fragen selbst. Außerdem unterliegen die Antworten einer beständigen Veränderung, weil wir immer mehr Klarheit und Urteilsvermögen erlangen.

Ich akzeptiere, daß es nicht auf alle Fragen eine Antwort gibt.

Ich verstehe vollkommen, daß Menschen heiraten möchten. Aber für mich bedeutet Sicherheit, niemals zu wissen, was als nächstes geschieht.

Gloria Steinem

Eine Beziehung bietet uns einen gewissen Grad an Sicherheit, Stabilität und Struktur. Aber Scheidung und Trennung bieten uns etwas Neues: Platz für Spontaneität und Überraschungen.

Wir brauchen eine Menge Selbstvertrauen, uns dem Unbekannten zu öffnen: Wir können um sechs, um sieben oder auch um Mitternacht zu Abend essen, wie wir gerade Lust haben. Es ist Samstagabend, wir finden den Mut, in die Stadt zu gehen – ganz allein. Wir entschließen uns, einen Kurs im Segelfliegen mitzumachen, wir lernen das Flötenspiel oder schließen uns einer Singlegruppe an – wer kann schon wissen, was passieren wird oder wen wir treffen werden?

Wenn wir eine gewisse innere Sicherheit entwickeln können, gibt es jede Menge Abenteuer, die nur darauf warten, daß wir uns hineinstürzen.

Jetzt kann alles passieren!

Zu geben, ist der einzige Höhenflug, der menschlichen Wesen gestattet ist.

Anaïs Nin

Wenn wir uns niedergeschlagen fühlen, kann es sehr tröstlich sein, anderen, die weniger Glück haben als wir selbst, Gutes zu tun.

Es gibt unzählige Möglichkeiten, zu geben: indem wir Dienst in einem Heim, einer Obdachlosenküche oder einem Kindergarten tun. Indem wir als Tagesmutter tätig werden oder uns in unserer Gemeinde um ältere Menschen kümmern. Indem wir kranke Kinder im Krankenhaus besuchen, einem Freund in Not das Essen kochen oder einer anderen Frau dabei helfen, ihre Scheidung durchzustehen.

Wir bekommen so viel zurück, wenn wir geben. Wenn wir einem anderen Menschen helfen, erkennen wir, wie viel wir wirklich haben.

Wohltätigkeit ist ein weiterer Schritt auf unserem Weg zur Genesung.

Nun, wenn man sich scheiden läßt, dann ist das, als ob man von einem Lastwagen überfahren wird. Wenn man es überlebt, blickt man vorsichtig nach rechts und links, bevor man weitergeht.

Jean Kerr

Nachdem wir «von einem Lastwagen überfahren» worden sind, taumeln wir noch, haben Angst, uns vorwärts zu bewegen, weil wir einen Fehler machen könnten. Jede Entscheidung scheint weltbewegend zu sein. Große Entscheidungen – ob wir unser Haus umbauen, den Arbeitsplatz wechseln oder uns wieder an einen Menschen binden – genauso wie trivialere Entscheidungen – ob wir Pizza oder Hühnchen essen wollen – scheinen unglaublich viele Konsequenzen nach sich zu ziehen.

Deshalb ist es wichtig, mit Vorsicht ans Werk zu gehen, nach beiden Seiten zu schauen und jedes Für und Wider zu bedenken, bis wir bereit sind, einen weiteren Schritt zu tun.

Durch Vorsicht schütze ich mich selbst.

Ich weine besonders viel, wenn ich an Weihnachten mit meinen Kindern denke.

Sara Kay Cohen

Die Trennung von den Kindern in den Ferien kann besonders belastend sein. Wir haben sie an Weihnachten bei uns, er bekommt sie Ostern. Wir haben sie am Muttertag, er am Vatertag, und an ihren Geburtstagen wechseln wir uns jedes Jahr ab.

Besondere Gelegenheiten führen uns deutlich vor Augen, daß wir nicht länger eine intakte Familie sind. Aber auch die Tage unter der Woche, an denen wir ohne Kinder sind, können einsam und lang werden. Hier einige Vorschläge, damit Sie es sich erleichtern können: Machen Sie Pläne. Laden Sie Freunde ein. Halten Sie die Verbindung zu Ihren Kindern auch in der Zeit, in der sie von ihnen getrennt sind, aufrecht, indem Sie sie anrufen, ihr Foto auf den Nachttisch stellen oder eine Willkommensparty bei ihrer Rückkehr veranstalten.

Unterdessen sagen die meisten Frauen, daß es gut ist, eine Pause zu haben, auch wenn sie die Kinder vermissen. Nutzen Sie diese Zeit, um etwas für sich selbst zu tun.

Ich werde die Zeit nutzen, die meine Kinder bei ihrem Vater verbringen.

Ich war der Klassenclown, aber mir tat alles weh. Meine Gefühle schmerzten mich, mein Inneres schmerzte mich.

Anne Lamont

Man sagt, daß hinter jedem Clownslächeln ein trauriges Gesicht steckt.

Wir haben gelernt, lustig zu sein, um unseren Schmerz zu verstecken und Liebe und Zustimmung von anderen zu bekommen. «Einen Clown liebt jeder.»

Lachen kann eine große Erleichterung darstellen. Es kann uns eine große Hilfe sein und zu unserer Genesung beitragen. Aber es ist auch eine Maske, hinter der man sich verstecken kann.

Wir müssen lachen. Aber wir müssen uns auch gehen lassen und weinen können. Vor allem aber müssen wir unseren Schmerz teilen, so daß andere hinter unsere Fassade blicken und uns die Liebe und Fürsorge geben können, die wir im Augenblick so sehr benötigen.

Ich werde mit anderen Menschen mein Lachen und meine Tränen teilen.

Jede Frau, die schreibt, ist eine Überlebende.

Tillie Olsen

Da ich selbst Schriftstellerin bin, ermutige ich Frauen ständig, ihre Gefühle aufzuschreiben.

Schreiben ist eine hervorragende Möglichkeit, um seinen Emotionen und Gedanken Luft zu machen, besonders in Übergangsphasen wie nach einer Trennung. Es spielt keine Rolle, ob wir Tagebuch oder kunstvolle Gedichte schreiben. Es ist gleichgültig, ob wir unsere Arbeit laut lesen oder sie unter unserer Unterwäsche vergraben. Wenn wir unsere Gedanken und Gefühle festhalten, dann verhilft das unserer Vergangenheit sowie unserer Zukunft zur Genesung. Nach einiger Zeit werden wir das, was wir geschrieben haben, noch einmal durchlesen und staunen, wie gut wir das überlebt haben.

Fangen Sie an. Sie werden feststellen, wie hilfreich es ist, das auszusprechen, was in Ihrem Herzen ist.

Ich habe so viel zu sagen.

Ich weinte der Welt nichts vor. Ich war zu sehr damit beschäftigt, mein Austernmesser zu schärfen.

Zora Neale Hurston

Es gibt Zeiten, in denen wir weinen, und Zeiten, in denen wir unsere Austernmesser wetzen müssen, um nach den kostbaren Perlen der Weisheit und der Hoffnung zu suchen, die tief in der Schale unseres scheinbar undurchdringlichen Schmerzes verborgen sind.

In Tausenden von Austern findet sich nur eine einzige Perle, deshalb müssen wir lange und hart suchen, geduldig und beharrlich. Es gibt sie, die Perlen der Weisheit, und wir können sie entdecken, wenn uns klar wird, was wir durch unsere Trennung gelernt haben. Wenn wir anfangen, einen Sinn in dem zu finden, was in unserem Leben geschehen ist. Wenn wir der Hoffnung Platz machen.

Ich bin bereit, nach den Perlen zu suchen.

Jeder Mensch hat seine Droge, ob es nun Schnaps, LSD oder nur Kaffee ist.

Mona Simpson

Wir betäuben unseren Schmerz mit Alkohol, Drogen, Kaffee, Schokolade, Arbeit, Einkaufen oder dem Glücksspiel. Jedes dieser «Laster», das wir zwanghaft einsetzen, um unsere Gefühle zu betäuben und der Wirklichkeit zu entkommen, kann die Grenze vom Vergnügen zur Sucht leicht überschreiten.

Alles, was in Maßen eingesetzt wird, ist gut – außer es handelt sich um harte Drogen. Jedenfalls kann jede Aktivität oder Substanz, die in übertriebenem Maße eingesetzt wird, ein wichtiges Signal sein, aufzupassen. Kontrollieren Sie, was Sie tun und warum. Und hören Sie auf den Rat von Experten (oder schließen Sie sich einer Selbsthilfegruppe an), so daß Sie wieder auf den richtigen Weg kommen.

Ich werde mir Hilfe suchen, wenn ich sie brauche.

Du wirst schließlich nicht jünger.

K.

«Das hat meine Mutter zu mir gesagt, als ich ihr erzählt habe, daß ich die Scheidung einreichen will», erinnert sich Lydia, eine siebenunddreißigjährige Mutter zweier Kinder. «Herzlichen Dank», hätte ich da am liebsten geantwortet, «das ist genau der Kommentar, den ich im Augenblick brauche!»

Vielleicht haben Sie solche Sticheleien ebenfalls schon gehört oder sie sich vielleicht sogar selbst gesagt. Wir werden tatsächlich nicht jünger. Wir werden jedoch stärker, klüger und auch fähiger, uns das Leben zu schaffen, das wir uns wünschen. Wenn das letztendlich eine Wiederheirat bedeutet, großartig. Wenn nicht, ebenso großartig. So oder so wird es von Tag zu Tag besser werden.

Ich werde gehässigen Bemerkungen kein Gehör verleihen.

Ich habe einen Mann niemals genug gehaßt, um ihm seine Diamanten zurückzugeben.

Zsa Zsa Gabor

Für die meisten von uns stellt sich die Frage, was wir mit unseren Ehe- und Verlobungsringen anfangen sollen, die vielleicht sogar einen Edelstein enthalten.

Sollen wir den Verlobungsring zurückgeben? Immerhin gehörte er seiner Urgroßmutter. Sollen wir den Diamanten neu fassen lassen und ihn als Anhänger tragen? Sollen wir ihn aufbewahren und ihn später unserer Tochter oder unserer zukünftigen Schwiegertochter geben?

Der Ring gehört Ihnen. Er war ein Geschenk und ist weiterhin ein Erinnerungsstück an eine wichtige Phase Ihres Lebens. Tun Sie damit, was immer Sie für richtig halten, um die Bindung zu ehren, die er einmal symbolisiert hat.

Ich behalte den Ring.

Es ist gut, wenn man auf seine Träume achtet.

Natalie Goldberg

Aus zwei Gründen ist es sinnvoll, die eigenen Träume zu beachten: Sie sind Ausdruck der tiefsten Ebene unserer Psyche, und sie liefern uns nützliche Informationen durch Bildlichkeit und Symbole.

Sandra, gerade geschieden, schilderte ihren Traum: «Ich war in einer dunklen Höhle. Fledermäuse flogen überall umher, und ich hatte Angst. Ich schrie, aber der Klang hallte von den Wänden wider und keiner kam. Plötzlich sah ich eine Laterne... ich kroch darauf zu, und als ich das Licht erreichte, sah ich die Hände meiner Mutter.»

Sandra erwachte mit tränenüberströmtem Gesicht aus ihrem Traum. Ihr wurde klar, wie verängstigt sie war, und sie entdeckte überrascht, daß sie ihre Mutter brauchte, von der sie sich schon seit Jahren entfernt hatte und mit der sie nun Kontakt aufnehmen wollte.

Ihre Träume sind Boten, die Ihnen Einsicht gewähren. Schreiben Sie sie nieder. Führen Sie sich vor Augen, was sie Ihnen über sich selbst mitteilen.

Ich höre auf meine Träume.

Nur eine Atempause wollte sie für ihren Schmerz, eine ruhige Stätte, um sich die Wunden zu lecken.

Vom Winde verweht, Margaret Mitchell

Ich habe mich immer gefragt, was Scarlett O'Hara wohl empfunden haben mag, *bevor* sie jene berühmten Worte aussprach: «Morgen ist auch noch ein Tag.»

Wie Scarlett O'Hara müssen auch wir irgendwann über einen Rhett Butler hinwegkommen und uns mutig und optimistisch dem Morgen stellen. Aber bevor wir bereit sind, mutig weiterzumarschieren, müssen wir unsere Wunden lecken und uns im Schmerz versinken lassen.

Wo ist unser Platz zum Atmen? Suchen Sie sich einen Zufluchtsort – eine gemütliche Ecke in Ihrem Schlafzimmer, einen besonderen Baum, unter dem Sie sitzen können –, irgendeinen Ort, wo Sie sich geborgen fühlen. Einen Ort, wo Sie allein sein können, um Ihre Wunden zu lecken und sich zu erholen, bis Sie wirklich bereit sind, zu sagen:

Morgen ist auch noch ein Tag.

Es gibt Tage, an denen Hausarbeit das einzige Ventil zu sein scheint.

Adrienne Rich

Eine außerordentlich faszinierende Bemerkung, da sie von einer der berühmtesten Feministinnen unserer Zeit kommt. Adrienne Rich empfiehlt nicht, Berge zu erklimmen, Gedichte zu schreiben oder Protestmärsche zu organisieren, sondern sie hält Bödenschrubben und Fensterputzen für das beste Mittel, um Depressionen fernzuhalten.

Ein großartiger Rat. Wir ziehen unser verschlissenes Sweatshirt an, drehen das Radio laut und bearbeiten den Badezimmerboden. Auf diese Weise vergessen wir unsere Sorgen wenigstens eine Zeitlang. Und unsere Mühen werden mit einer blitzblanken Wohnung belohnt. Zumindest für eine Weile sieht die Welt etwas freundlicher aus.

Ich kremple meine Ärmel hoch.

MÄRZ

Mein ganzes Leben lang wollte ich «jemand sein». Aber ich erkenne jetzt, daß ich das näher hätte definieren sollen.

Jane Wagner

Jetzt ist der ideale Zeitpunkt gekommen, um zu überdenken, wer wir eigentlich sein wollen. Uns sind keine Grenzen gesetzt! Vielleicht kommen wir zu dem Schluß, daß wir genau diejenige sind, die wir sein wollen. Oder wir entscheiden uns, unser Leben zu verändern.

Ob wir nun dreißig, vierzig oder fünfundfünfzig Jahre alt sind, wenn wir die Tür unserer letzten Partnerschaft hinter uns schließen, öffnen sich uns grenzenlose Möglichkeiten, neue und andere Dinge auszuprobieren. Noch während ihrer Scheidung entschloß sich Lara, eine Strafverteidigerin, wieder auf die Uni zu gehen und Musik zu studieren. Karen erkannte aufgrund eines Seminars, daß sie einen Draht zum Gärtnern hatte. Joy «feierte» ihre Trennung, indem sie Segeln lernte.

Was Sie letztlich machen, ist nicht von Bedeutung. Wichtig ist einzig und allein, daß Sie auf Ihrer Reise der Selbsterfahrung neue Türen aufstoßen.

Mir sind keine Grenzen gesetzt.

Irgendwann, als sie von Chicago nach New York zog, nahm sie wieder ihren Mädchennamen an.

Ann Beattie

Das «Namensproblem»: Wenn wir seinen angenommen haben, sollen wir ihn dann zurückgeben und offiziell unseren Mädchennamen wieder annehmen? Wenn wir einen Doppelnamen hatten, lassen wir seinen dann künftig weg? Was, wenn wir beruflich unter seinem Namen bekannt sind? Was, wenn die Kinder seinen Nachnamen tragen, was bei einer Namensänderung bedeuten würde, daß wir anders heißen würden als unsere Kinder?

Namen bedeuten eine Menge, und diese Entscheidung zu treffen, kann sehr schwierig sein. Nach meiner zweiten Scheidung war ich vollkommen verwirrt, was die Namensfrage anging. Ich wollte keinen anderen Namen tragen als den meiner Kinder. Ich wollte ganz sicher nicht wieder den Namen meines ersten Ehemannes annehmen, und ich wollte noch weniger den Namen meines Vaters zurückhaben, denn dieser Mensch schien Lichtjahre von der Frau entfernt zu sein, die ich damals war.

Die gute Nachricht ist, daß wir uns nicht sofort entscheiden müssen, wie wir uns nennen. Wir haben Zeit, um die Sache zu überdenken.

Ich werde mir alle Zeit nehmen, die ich brauche.

Die richtige Perspektive, das merkte ich bald, ist eine feine Sache, aber wenn man mitten drin steckt, nützt sie gar nichts.

Ingrid Bengis

Die Fähigkeit, zurückzutreten, das Ganze zu betrachten und die Zusammenhänge zu erkennen, ist eine der wichtigsten Voraussetzungen für geistige Gesundheit.

Unglücklicherweise ist sie besonders schwer zu erlangen, wenn wir sie am nötigsten brauchen. Inmitten größerer Veränderungen tragen wir meistens Scheuklappen. Wir wissen, daß es für das, was wir momentan durchmachen, einen Grund geben muß, aber wir können ihn nicht erkennen.

Ein Blick auf die Vergangenheit oder in die Zukunft kann uns helfen, die Dinge im richtigen Licht zu sehen. Im Rückblick können wir erkennen, wie wir Krisen überstanden haben, sogar mit Erfolg gemeistert haben, selbst, wenn es sich um ähnlich schwierige Phasen der Veränderung handelte. Und wenn wir uns vorstellen, drei Monate oder drei Jahre weiter zu sein, dann kommt uns unsere gegenwärtige Situation weniger entmutigend und besser handhabbar vor.

Mit der Zeit wird mir alles klarer.

Geistige Gesundheit ist die beste Wahl, die man heutzutage treffen kann.

Renata Adler

Frauen, die eine Trennung durchmachen, haben häufig das Gefühl, langsam den Verstand zu verlieren. Wir fühlen uns verloren und verwirrt, haben Mühe, uns zu konzentrieren und mit unseren Gefühlen fertig zu werden.

Das kann so angsteinflößend sein, daß wir zeitweise vielleicht sogar an Selbstmord denken.

Das innere Chaos ist die natürliche Folge unseres Trennungstraumas und der damit verbundenen Anpassungsschwierigkeiten. Wenn Sie sich ernsthafte Sorgen um Ihre geistige Gesundheit machen, wenn Sie unter chronischen Angstzuständen und Depressionen leiden, dann sollten Sie sofort Hilfe in Anspruch nehmen.

Selbst wenn das Gefühl, verrückt zu sein, kommt und geht und Ihre Funktionstüchtigkeit nicht beeinträchtigt, ist es hilfreich, wenn Sie sich von einem guten Freund wieder auf den Boden der Tatsachen holen lassen. Fragen Sie ihn: «Glaubst du, daß ich mich momentan normal verhalte?» Die Antwort wird aller Wahrscheinlichkeit nach lauten: «Ja. Du verhältst dich sogar großartig.»

Es ist ganz normal.

Leg dein Ohr an deine Seele und horch tief in dich hinein.

Anne Sexton

Was hören Sie? Die Wellen des Meeres, die Sie streicheln und beruhigen? Eine quälende Melodie, die leise Ihre Trauer besingt? Eine sanfte Stimme, die sagt: «Du mußt glauben, daß alles wieder besser wird.»?

Wir hören die Botschaft unserer Seele nur, wenn wir ganz ruhig und wachsam sind. Wir hören sie nur in den friedlichen, meditativen Augenblicken, wenn wir uns selbst der Wahrheit öffnen.

Hören Sie zu. Hören Sie auf das, was Ihnen die weise Seele in Ihrem Inneren sagt, denn sie weiß genau, was Sie brauchen, um sich wieder zu erholen und ein glücklicher, zufriedener Mensch zu werden.

Ich höre und vertraue auf die Botschaft meiner Seele.

Die größte Sünde ist die, auf seinem Hintern sitzen zu bleiben.

Florynce Kennedy

Also los! Stehen Sie auf und bewegen Sie sich!

Manchmal ist es gut, nur herumzusitzen und sich selbst zu bemitleiden, aber oft sollten wir uns besser einfach selbst buchstäblich zur Tür hinausscheuchen.

Durch Sport – Laufen, Aerobic, Schwimmen oder ein anstrengendes Tennis- oder Squashmatch – fühlen wir uns um Welten besser. Wir müssen uns nur dazu aufraffen.

Sport verleiht uns garantiert eine bessere Laune. Aber um Depressionen fernzuhalten, helfen auch andere Aktivitäten: Gehen Sie aus dem Haus und tun Sie etwas Positives – lassen Sie sich die Haare schneiden, schauen Sie sich eine Ausstellung im Museum an, besuchen Sie einen Französischkurs. Das hilft vielleicht nicht auf Dauer, aber zunächst einmal werden Sie sich besser fühlen.

Tun Sie's einfach!

Es ist egal, wie groß oder wie weich oder wie warm das Bett ist, man muß dennoch aufstehen.

Grace Slick

Aber manchmal muß man einfach ins Bett zurückkriechen, sich in die Decke einwickeln wie in einen Seidenkokon und sie sich bis zum Kinn hinaufziehen.

Sich im Bett zusammenzurollen, ist eine großartige Methode, um sich Ruhe zu verschaffen und sich zu erholen. Wir können den ganzen Sonntag im Bett verbringen oder uns einen Tag frei nehmen. Wir machen ein Nickerchen, verschlingen einen Roman oder hören Musik mit einer Tasse Tee auf dem Nachttisch.

Wenn wir buchstäblich nicht aus dem Bett kommen, sollten wir einen Arzt oder einen Therapeuten aufsuchen. Aber gelegentlich einen Tag unter der Bettdecke dahinzudösen hat noch keinem geschadet; wir bleiben einfach nur sicher und gewärmt liegen, bis wir bereit sind, aufzustehen und der Welt wieder entgegenzutreten.

Ich ruhe mich aus.

Jemand hat mir fast all meine Sachen weggenommen.

Ntozake Shange

Wir schauen uns um, und die Löcher, dort wo unsere «Sachen» standen, springen uns förmlich ins Auge: das halbleere Bücherregal, die Hälfte der italienischen Kochausrüstung, die wir uns auf der Hochzeitsreise gekauft hatten, der antike Schrank, den er von seiner Großmutter geerbt hat und der hervorragend zu unserer Eßzimmereinrichtung paßte.

Früher war der gemeinsame Besitz ein Zeichen unserer Liebe zueinander. Jetzt sehen wir uns um und entdecken, was wir verloren haben.

Wie so viele Opfer einer Trennung brauchen auch wir Zeit, um uns an die veränderte Umgebung zu gewöhnen. Unterdessen hilft es, sich als Innenarchitektin zu betätigen: Stellen Sie die Möbel um, streichen Sie die Eßzimmerwände rosa, kaufen Sie sich etwas Neues, auch wenn Sie sparen müssen und sich nur gebrauchte Möbel leisten können. Allmählich füllen wir die Löcher und machen die Wohnung zu unserer eigenen.

Ich mache meine Wohnung zu einem Spiegelbild meiner selbst.

Willst du fliegen, dann mußt du die Scheiße hinter dir lassen, die dich nach unten zieht.

Toni Morrison

Jeder von uns wird durch seine eigene «Scheiße» heruntergezogen – unsere Ängste, unsere Unsicherheit und unsere negativen Gefühle, die uns davon abhalten, die Flügel auszubreiten und davonzufliegen.

Die Angst vor dem Scheitern – oder vor dem Erfolg – hindert uns daran, unsere Chancen zu nutzen: eine neue Stelle, eine vielversprechende Beziehung, die Floßtour auf dem Colorado River, von der wir immer schon geträumt haben. Unsicherheit und Bitterkeit hindern uns daran, uns aus dem Morast der Vergangenheit zu lösen, wir sind unfähig, die Hände nach den Versprechungen der Zukunft auszustrecken.

Sind Sie bereit, alles Hemmende zurückzulassen, das Sie nach unten zieht? Der erste Schritt besteht darin, eine ehrliche Einschätzung vorzunehmen, wo wir stehen und was wir brauchen, um fliegen zu können.

Ich lasse mich durch nichts und niemanden nach unten ziehen.

Im Leben gibt's keinen Plan; Ungerechtigkeiten passieren eben...

Elizabeth Glaser

Sie wußte, wovon sie sprach, als sie das sagte. Schließlich hatte sie das unerträglich ungerechte Erlebnis hinter sich, ihre sechsjährige Tochter Ariel an AIDS sterben zu sehen. Trotzdem sagte sie auch weiterhin: Wichtig ist, wie man mit diesen Erfahrungen umgeht.

Wir können Trübsal blasen und uns in unserem Selbstmitleid baden. Wir können gegen die Ungerechtigkeiten dieser Welt wettern. Wenn wir damit fertig sind, können wir tief Luft holen und uns fragen, was als nächstes zu *tun* ist.

Elizabeth Glaser widmete ihr Leben der Aufgabe, das Bewußtsein der Menschen zu schärfen und Geld für die AIDS-Forschung zu sammeln. Was können Sie tun, um Ihren Schmerz in positive, hoffnungsvolle Handlungen umzuwandeln?

Das Leben ist ungerecht. Aber ich habe die Macht, das Beste aus dem zu machen, was ich ertragen muß.

Ich trage meine Lungen wie ein Paar Schwimmflügel, die mich beim Atmen über Wasser halten.

Miriam Sagan

Wenn wir unruhig und aufgewühlt sind, dann wird unser Atem flach und schnell, als ob wir uns nur mühsam über Wasser halten könnten. Yoga, Meditation, Atemübungen und andere Entspannungsmethoden können uns dabei helfen, unsere innere Ruhe wiederzufinden.

Wir können uns entweder jeden Tag Zeit zum Meditieren nehmen oder einfach häufiger auf eine richtige Atmung achten: Atmen Sie ein und aus, langsam und entspannt.

Wenn Panik oder Unruhe in uns aufkommen, dann hilft es, unsere Augen einen Augenblick lang zu schließen und bewußt zu atmen. Einfach nur zu atmen. Das ist die Basis des Lebens, eine natürliche Methode, um Heiterkeit und Gelassenheit wieder herzustellen.

Mein Körper atmet ganz von allein.

Manche Frauen werden in dieser Phase zu weiblichen Chauvinisten.

Anne Wilson Schaef

Die Autorin Anne Wilson Schaef hat in diesem kurzen Satz genau wiedergegeben, wie weibliche Wut sich äußert: Wenn wir am wütendsten sind – insbesondere kurz nach einer Scheidung oder Trennung –, dann ist es für uns Frauen ganz normal, Männer anzugreifen, herablassend zu behandeln und zu beleidigen.

Nur eines sollte man sich dabei immer ins Gedächtnis rufen, nämlich, daß es sich wirklich nur um eine vorübergehende Phase handelt, in der wir unserem begründeten Zorn darüber, daß wir verletzt und betrogen worden sind, Luft verschaffen wollen.

Witze: «Wenn sie einen Mann zum Mond schicken können, warum dann nicht gleich alle?», herablassende Kommentare: «Männer kapieren es einfach nicht» oder klar abgrenzende Äußerungen: «Ich möchte im Augenblick einfach nur mit meinen Freundinnen zusammensein!» sind in Ordnung, solange sie nicht zur Lebenseinstellung werden, wir nur unserem Zorn Luft machen und Schritt für Schritt wieder anfangen, Männer mit dem gleichen Respekt zu behandeln, den wir auch von ihnen erwarten.

Ich werde nicht zulassen, daß mich mein Zorn innerlich zerfrißt.

Ich kann so gut nachfühlen, was du jetzt empfindest.

Falsch. Am liebsten würden wir all diesen Leuten antworten: «Nein. Du weißt nicht, wie ich mich fühle. Tatsächlich hast du nicht die geringste Vorstellung!»

Natürlich kann niemand wirklich verstehen, was wir durchmachen; selbst andere geschiedene Frauen können vollkommen andere Erfahrungen gemacht haben als wir.

Es gibt einfach keine Möglichkeit für andere, genau nachzufühlen, was wir empfinden. Aber es gereicht ihnen zur Ehre, daß sie die Hand ausstrecken und ihr möglichstes tun, um sich in uns hineinzudenken und uns zu helfen.

Es ist gar nicht so einfach, die richtigen Worte zu finden. Und deshalb ist es auch wichtig, eine Äußerung des Mitgefühls freundlich entgegenzunehmen und anzuerkennen. Wie plump oder daneben sie auch sein mag, sie will nur sagen: «Du bist mir nicht gleichgültig.»

Danke!

Verkaufen Sie sich nicht unter Ihrem Wert.

Robert Fulghum

Wenn unser Selbstwertgefühl gelitten hat (eine typische, vorübergehende Nebenwirkung der Trennung), müssen wir darauf achten, uns nicht unter unserem Wert zu verkaufen.

Wir verkaufen uns unter unserem Wert, wenn wir uns selbst herabsetzen, indem wir unsere Zeit und unsere Energie vergeuden und uns zum Fußabtreter oder zur «Freiwilligen des Jahres» degradieren lassen, obwohl wir überarbeitet sind und unter Zeitmangel leiden. Indem wir uns auf Freundschaften oder Liebesbeziehungen einlassen, die unseres Einsatzes unwürdig sind. Indem wir unser Diät- und Sportprogramm vernachlässigen. Und indem wir uns in unserem Verhalten anderen gegenüber selbst verleugnen und hinten anstellen.

Wir müssen aufrecht gehen. Sogar wenn wir uns unsicher fühlen, müssen wir unsere Schultern straffen, den Kopf heben und der Welt mit dem Höchstmaß an Selbstachtung entgegentreten, das wir aufbringen können.

Ich kenne meinen Wert.

Was für ein langer, sanfter Tod das zwischen Euch beiden ist.

Marge Piercy

Es wurde schon häufig und auf vielerlei Weise gesagt, daß eine Trennung vernichtender ist als der Tod. Die Endgültigkeit des Todes ermöglicht es uns, unseren Schmerz irgendwann zu überwinden. Im Falle einer Trennung jedoch ist es schwierig, einen Schlußstrich zu ziehen. Unsere Wut steigt wieder in uns hoch, wenn wir ihn zufällig im Kino an der Seite seiner neuen Frau treffen oder mit ihm über das Sorgerecht unserer Kinder streiten.

Manchmal denken wir, daß es leichter wäre, wenn er tot wäre. Aber das ist er nicht. Und wir würden es ihm wahrscheinlich auch nicht wünschen, besonders dann nicht, wenn er der Vater unserer Kinder ist. Also zieht sich unsere Trauer in die Länge, während wir den langsamen und sehr wirklichen Tod unserer Beziehung akzeptieren.

Eine Zeremonie ist eine Möglichkeit, einen Schritt auf das Ende der Trauer zuzumachen. Ähnlich einer Beerdigung hilft hier eine Zeremonie des Abschieds. Wenn Sie Lust haben, laden Sie ein paar enge Freunde ein, die Ihnen dabei helfen, zu trauern und Adieu zu sagen.

Ich überwinde den Schmerz des Abschieds.

Ich will dir danken, Herr, für das Leben und alles, was es beinhaltet.

Maya Angelou

Es ist immer gut, dankbar zu sein, besonders wenn wir uns niedergeschlagen fühlen.

Ob wir an einem Gottesdienst teilnehmen, uns neben unserem Bett niederknien oder einfach nur aus dem Fenster blicken und die Bäume, den Himmel und die Blumen betrachten und unser Herz sich vor Freude weitet – das Gebet ist ein Weg zur Genesung und zur Hoffnung.

Wenn wir unsere Dankbarkeit zum Ausdruck bringen, dann hilft uns dies dabei, unsere Trauer zu überwinden und die Freude in der Welt wieder zu bemerken. Nehmen Sie sich in diesem Augenblick einen Moment lang Zeit, um einen Blick auf Ihr Leben zu werfen und auf all das, was es beinhaltet. Wofür sind Sie dankbar?

Heute bin ich dankbar für alle guten und schönen Dinge in meinem Leben.

Man sollte nichts lieben, was einem diese Liebe nicht auch zurückgeben kann.

Noreen Briggs

Nachdem alles gesagt und getan ist, lassen wir uns scheiden, weil wir nicht geliebt werden und/oder weil wir einen anderen Menschen nicht nach bestem Vermögen lieben.

Ich beendete meine erste Ehe, weil ich eines Tages ganz sicher war – wirklich sicher war –, daß ich eines tieferen, umfassenderen Gefühls der Liebe fähig war, als ich sie zu der Zeit schenkte. Ich beendete meine zweite Ehe, weil ich eines Tages ganz sicher – wirklich sicher – war, daß ich eine tiefere, umfassendere Liebe brauchte, als die, die ich bekam.

In beiden Fällen wurden wir geschieden, weil jeder von uns etwas Besseres verdient hatte. Und beide fanden wir schließlich jemanden, den wir wirklich von ganzem Herzen lieben konnten und der in der Lage war, uns die Liebe zu geben, die wir verdient hatten.

Ich verdiene es, zu lieben und geliebt zu werden, vollkommen und bedingungslos.

Ihr Zusammentreffen war ein Segen, denn sie benutzten einander, um zu wachsen.

Toni Morrison

Es ist egal, wie verletzt oder verbittert wir uns fühlen, wenn wir an unseren Ex denken, es ist wichtig, daran zu denken, wie wir uns an seiner Seite weiterentwikkelt haben. Wir lernten uns kennen und waren von diesem Augenblick an unsere gegenseitigen Lehrer. Diese Lektionen nehmen wir mit in unser neues Leben.

Manches von dem, was wir lernten, war schmerzhaft und schwierig: Wir wurden mit unserer Abhängigkeit konfrontiert, wir mußten uns den unverarbeiteten Erlebnissen aus der Vergangenheit stellen. Und andere Lektionen wiederum waren positiv: Wir entdeckten neue Talente. Wir bemerkten, wie stark, einfallsreich und fähig wir wirklich sind.

Und deshalb schauen wir zurück und sind dankbar für das Glück und das innere Wachstum, das sich vielleicht nur im Rahmen unserer Beziehung entwikkeln konnte.

Ich erkenne, daß meine Beziehung mir dabei geholfen hat, zu wachsen und mich weiterzuentwickeln.

Man sollte täglich Musik hören.

Musik besitzt Zauberkraft. Wenn wir traurig sind, dann hebt sie unsere Stimmung; wenn wir nervös sind, dann beruhigt sie unsere Nerven. Sie leistet uns Gesellschaft, wenn wir allein sind oder uns mal so richtig ausweinen möchten.

Wir alle haben unsere Lieblingslieder für besondere Stimmungen: Der alte Song von Carole King, der uns an unsere erste Verabredung und den verlegenen Gutenachtkuß an der Haustür erinnert. Die Beatles-Melodie, die wir uns immer in seinem Auto angehört haben. Das Lied von Leonard Cohen, das erklang, als wir zum Altar schritten.

Hören Sie sich die Musik an, die Ihnen dabei hilft, sich auszuweinen, und hören Sie sich die Musik an, die Sie aufmuntert und bei der Sie Lust zum Tanzen bekommen. Die Sie mit Frieden, Energie und Freude erfüllt.

Ich öffne mich der heilenden Wirkung der Musik.

Ich habe mich immer als den zentralen Stützpfeiler in meinem Leben betrachtet.

Meryl Streep

Selbst diejenigen von uns, die sich selbst für stark und unabhängig hielten, haben sich immer noch auf vielen Gebieten auf ihren Partner verlassen. Wir haben mit ihm gerechnet, wenn es um praktische Hilfe ging, ob er nun das Konto ausgleichen, die Garagentür reparieren oder den Abfall hinunterbringen sollte. Und wir konnten uns bei ihm anlehnen, wenn wir emotionale Unterstützung brauchten, denn wir wußten, daß wir bei ihm Trost finden konnten.

Man braucht viel Mut, um sich der Tatsache zu stellen, daß nun wir selbst der zentrale Stützpfeiler in unserem Leben sind. Ob wir nun Single bleiben oder noch einmal heiraten, es ist ein großartiges Gefühl, zu wissen, daß wir auf unseren eigenen Füßen stehen und für uns selbst sorgen können.

Ich bin ein starker, verläßlicher Stützpfeiler meiner selbst.

«Wenn ich doch nur ...»

«Wenn ich doch nur toleranter und verständnisvoller gewesen wäre.» «Wenn ich doch nur gründlicher darüber nachgedacht hätte, ob wir noch ein Kind haben wollten oder nicht.» «Wenn ich doch nur seine Affäre hätte vergessen können.»

Damit können wir uns selbst in den Wahnsinn treiben. Bedauern verwurzelt uns nur weiterhin in der Vergangenheit, wir bleiben einsam und frustriert.

Wir müssen unsere «Wenn ich doch nur ...»-Gedanken akzeptieren und sie in Entschlüsse umwandeln. Ich beschließe, daran zu arbeiten, toleranter und verständnisvoller zu werden. Ich beschließe, alle Entscheidungen in meinem Leben sorgfältiger zu überdenken. Ich beschließe, nachsichtiger zu sein, «obwohl ich immer noch nicht sicher bin, ob ich bereit bin, ihm seine Affäre zu vergeben».

Zweifel und Bedauern halten einen in den eigenen Fehlern gefangen. Entschlüsse hingegen weisen wie Leuchtfeuer den Weg in eine bessere Zukunft.

Ich gehe entschlußfreudig in meine Zukunft.

Jeder Mensch hat, genau wie Sokrates, einen Geist, der ihn begleitet. Weise sind diejenigen, die seinen Zeichen gehorchen.

Lydia M. Child

«Göttliche Eingebungen» kommen in vielerlei Form zu uns; manche New-Age-Anhänger vertrauen *I Ging,* den Tarotkarten oder darauf, daß jeder von uns seinen persönlichen spirituellen Begleiter hat, dessen einziger Zweck darin besteht, uns zu beschützen und zu leiten, besonders in schweren Zeiten.

Ob einem das nun glaubwürdig oder verrückt vorkommt, es kann nicht schaden, sich ein himmlisches Wesen vorzustellen, das über uns wacht.

Mein Lieblingsheiligenbild ist eine Anstecknadel mit dem Abbild eines Engels. Ich fühle mich immer etwas sicherer, wenn ich weiß, daß ich sie angesteckt habe und sie mich auf meinem Weg begleitet.

Ich bin empfänglich für «göttliche Eingebungen».

Es ist ziemlich unangenehm, sich im Alter von zweiunddreißig Jahren wie ein Teenager zu fühlen.

Peggy Cahn

Doch genau so fühlen sich viele von uns nach einer Trennung.

«Ich bin in einer Identitätskrise», sagt eine Frau, «ich bin unruhig und frage mich, was ich mit mir selbst anfangen soll.»

«Ich bin schüchtern wie ein Teenager», sagt eine andere Frau, als sie sich nervös auf ihre erste Verabredung nach der Scheidung vorbereitet.

Wie Jugendliche werden wir von Wachstumsschmerzen geplagt. Aber im Gegensatz zu Jugendlichen haben wir die Erfahrung und die Weisheit der Erwachsenen, auf die wir zurückgreifen können und die uns das nötige Selbstvertrauen geben, um uns auf die Veränderungen in unserem Leben – so unangenehm sie auch sein mögen – einzulassen.

Ich bin keine sechzehn mehr, auch wenn ich mich manchmal noch so fühle.

Es gibt nur zwei Arten, auf die man sich dem Leben nähern kann, entweder als Opfer oder als tapferer Ritter.

Merle Shain

Oftmals ist es leichter, uns in unsere Hilflosigkeit und Hoffnungslosigkeit zu fügen. Wir Frauen haben diese Verhaltensweise erlernt. Wir werden sogar dafür belohnt, wenn wir unsere Macht aufgeben und uns selbst als Opfer der Umstände betrachten.

Doch diese «Opferrolle» anzunehmen, ist selbstzerstörerisch. Die Schuldzuweisungen verursachen ein Gefühl der Bitterkeit in uns. Die Passivität hält uns davon ab, uns das zu verschaffen, was wir brauchen und wollen.

Statt dessen können wir zu tapferen Kriegerinnen heranwachsen und uns mit Mut und Weisheit wappnen. Dadurch werden wir zu Vollstreckerinnen der Veränderung, wir übernehmen aktiv die Verantwortung für unser Leben.

Ich kämpfe und gewinne.

Ein Herz bricht, wenn man ihm seine Träume nimmt.

Pearl S. Buck

Es ist niederschmetternd, unsere gemeinsamen Hoffnungen und Träume aufgeben zu müssen: die Namen der Kinder, die wir eines Tages haben wollten, das Haus auf dem Land, das wir bauen wollten, den Garten, den wir anlegen wollten, und die Reisen in ferne Länder, die wir unternehmen wollten.

Einige unserer Träume können immer noch verwirklicht werden, wir müssen alles daran setzen, um sie am Leben zu erhalten. Andere wiederum waren untrennbar mit unserer Beziehung verknüpft, es waren Zukunftspläne und Träume, die nur als Frucht unserer Ehe oder Partnerschaft entstehen konnten.

Uns bricht es das Herz, wenn wir sie einen nach dem anderen gehen lassen, wie Ballons, die davonfliegen, kleiner und kleiner werden, bis sie am Horizont verschwinden.

Ich gebe meine enttäuschten Träume auf und bemühe mich, meine neuen Träume Wirklichkeit werden zu lassen.

Kluge Frauen wissen: *Wenn man versucht, mit dem Mann befreundet zu sein, der einem das Herz gebrochen hat, dann ist das so sicher wie Fallschirmspringen.*

Steven Carter, Julia Sokol

Oder Autorennen zu fahren. Oder Löwen zu bändigen. Oder zahlreiche andere riskante Aktivitäten. Seien Sie also vorsichtig.

Diejenigen von uns, die eine Freundschaft aufrechterhalten können, können sich glücklich preisen, vor allem wenn sie gemeinsame Kinder haben.

Aber es ist nicht immer leicht. Wenn wir versuchen, eine Freundschaft aufrechtzuerhalten – besonders zu Beginn, wenn wir noch verletzt und empfindlich sind, während jeder von uns versucht, sich ein neues Leben aufzubauen –, dann kann das anstrengend, schmerzhaft und nicht besonders hilfreich für den Trennungsprozeß sein.

Vielleicht können wir mit der Zeit Freunde werden. Unterdessen reicht ein höflicher Umgang miteinander vollkommen aus. Freundlichkeit ist okay. Aber wirkliche Freundschaft, die Intimität und Vertrauen voraussetzt, muß vielleicht noch eine Weile warten, in manchen Fällen wird sie sich nie mehr einstellen.

Ich will mir ein neues Leben aufbauen, diese Freundschaft kann warten.

Betrachte aufmerksam das, was man dir zu vergessen befohlen hat.

Muriel Rukeyser

Dieses Zitat erinnert mich daran, wie oft junge Mütter ermutigt werden, den ungeheuren Schmerz der Wehen und der Geburt zu vergessen. Als ob es jemals möglich wäre, ihn aus unserem Gedächtnis zu löschen!

Ebenso wird uns gesagt, daß wir den Schmerz der Trennung vergessen und so bald wie möglich «darüber hinwegkommen» müssen. Durch das Vergessen wird unsere Erfahrung als unbedeutend abgetan und herabgewürdigt.

Doch das Gegenteil trifft zu: In beiden Fällen ist es wichtig und stärkend, sich daran zu erinnern, was wir durchgemacht haben. Auf diese Weise würdigen wir unsere Kraft, mit der wir gekämpft und durch die wir überlebt haben.

Ich werde mich immer an das erinnern, was ich durchgemacht habe.

Heute verlebten wir einen wunderbaren Abend. Gertrude sagte Dinge, für die sie zehn Jahre brauchen wird, um sie zu verstehen.

Alice B. Toklas

Ständig versuchen wir die Ereignisse der Vergangenheit zu verarbeiten, erzählen unsere Geschichte immer wieder, so häufig wie wir es brauchen, um Antworten auf die Fragen um unsere Trennung zu finden.

Selbst jetzt verstehen wir vielleicht immer noch nicht ganz, was geschehen ist.

Glücklicherweise haben wir die Zeit auf unserer Seite. Uns fehlen nur die Leute in unserem Leben, die so viel und so häufig zuhören können, wie wir reden müssen. Deshalb sollten wir eine Selbsthilfegruppe aufsuchen oder eine Therapie machen. Machen wir uns selbst ein Geschenk: Suchen wir uns ein Plätzchen, an dem wir uns geborgen fühlen und wo wir die Einzelheiten wieder und wieder überdenken können, ohne Entschuldigung, so oft wie wir es brauchen und so oft wie wir es müssen.

Ich werde vertrauensvolle Freunde finden, mit denen ich meine Gefühle teilen kann.

Irgendwann sind die Grenzen jeder Frau schon mal überschritten worden, und sie werden ständig weiter überschritten.

Elizabeth Winthrop

Im Verlaufe unserer Beziehung haben wir es viel zu oft zugelassen, daß unsere Grenzen überschritten wurden. Wir haben uns mit Teilnahmslosigkeit oder Mißbrauch abgefunden, weil wir von uns selbst nicht genug hielten. Wir gaben nach, wo wir fest bei unseren Überzeugungen hätten bleiben sollen. Wir ließen es zu, daß auf uns herumgetrampelt wurde, und verrieten uns selbst.

Jetzt haben wir die Gelegenheit, klarere und gesündere Grenzen zu setzen. Indem wir «nein» sagen, wenn wir «nein» meinen. Indem wir uns selbst schützen, wenn es notwendig ist. Und indem wir immer daran denken, daß wir das Recht und die Verantwortung haben, auf einer respektvollen Behandlung zu bestehen.

Klare Grenzen sind eine Möglichkeit, mir selbst Respekt zu zollen.

Ich mache mir nichts aus Männern. Ich persönlich habe sie aufgegeben.

Marguerite Duras

Wir sollten die Männer aber nicht aufgeben!

Wenn Sie sich nicht haben scheiden lassen, weil Sie festgestellt haben, daß Sie Frauen bevorzugen, gibt es eine Menge guter Gründe, Männern noch mal eine Chance zu geben. 1. Da draußen laufen jede Menge nette Männer herum, und einer kann sich eines Tages als idealer Partner entpuppen. 2. Wenn wir Männer hassen (oder ignorieren), halten wir nur weiter an unserem Schmerz und unserem Zorn fest. 3. Männer können gute Freunde, gute Nachbarn und gute Kollegen sein, also warum sollten wir sie alle abschreiben?

Statt dessen sollten wir versuchen, unser Herz der anderen Hälfte der menschlichen Rasse erneut zu öffnen. Offen gesagt, es gibt viel zu viele, um sie zu ignorieren.

Ich werde mein Interesse an Männern nicht aufgeben.

Mehr als die Hälfte der Menschen auf dieser Welt tun nur so, als ob.

Robert Mitchum

Einem Paar wurde bei einer Partnerschaftstherapie folgender Rat gegeben: «Verhalten Sie sich in den nächsten drei Wochen so, als würden Sie einander mögen.»

So befremdlich das auch klingen mag, es ist ein großartiger Ratschlag, den wir beherzigen sollten, wenn wir unsere Depressionen einfach nicht loswerden.

«So zu tun, als ob», bedeutet nicht, daß man falsch ist oder seine wahren Gefühle ignoriert, es handelt sich einfach nur um die Möglichkeit, für eine bestimmte Zeit alles hinter sich zu lassen.

Machen Sie folgendes Experiment: In den kommenden Stunden versuchen Sie, egal, was passiert, so zu tun, als ob Sie glücklich seien. Achten Sie darauf, wie es sich anfühlt.

Ich bemühe mich, glücklich zu sein.

APRIL

Wir verlassen niemals die erste Klasse.

Natalie Goldberg

Wir glaubten, die Schule hinter uns zu haben. Jetzt, da wir getrennt leben, haben wir das Gefühl, wieder in der Grundschule zu sein. Wir schlagen Bücher auf, um dort Rat zu finden. Wir wagen uns unter Freunde und strecken vorsichtig die Hand nach neuen Freunden aus. Wir halten nach vertraueneinflößenden Lehrern Ausschau, die uns dabei helfen sollen, den Dingen auf den Grund zu gehen.

Wir begreifen, daß wir – ganz egal, wie alt wir sind – beständig in das Klassenzimmer des Lebens zurückkehren müssen und daß wir immer wieder aufs Neue lernen müssen, um zu wissen, wie das Leben funktioniert.

Das Lernen nimmt kein Ende.

Warum haben sie nicht das Haus dem Kind überlassen und festgelegt, daß die Eltern es abwechselnd besuchen?

Eine Kinobesucherin

Diese Bemerkung schnappte ich zufällig auf, als ich nach dem Film *Kramer gegen Kramer* aus dem Kino kam, ein Film, in dem der Streit um das Sorgerecht dazu führt, daß das Kind zwischen seinen geschiedenen Eltern hin und hergerissen wird.

Selbst nach den freundschaftlichsten Scheidungen oder Trennungen kann das gemeinsame Sorgerecht zu Problemen führen. Der Schulbus hält an verschiedenen Stellen. Der Tennisschläger ist in Daddys Wohnung, wenn wir unser Kind nachmittags zur Tennisstunde bringen wollen. Wir haben unsere Kinder mit sauberen Kleidern ins Wochenende geschickt, wenn sie nach Hause kommen, ist alles schmutzig, und die Socken fehlen.

Und es ist nervenaufreibend. Wenn wir unsere Kinder bei unserem Ex absetzen – sollen wir nun mit hineingehen oder nicht? Wenn unsere Kinder sagen: «Aber Mama, ich will heute abend bei dir sein!», denken wir, um wieviel leichter das Leben doch wäre, wenn wir alle unter einem Dach wohnten.

Aber das ist nicht möglich. Und deshalb rufen wir uns ins Gedächtnis, wie anpassungsfähig unsere Kinder sind.

Ich nehme mir ein Beispiel an der Anpassungsfähigkeit meiner Kinder.

Menschen mit Selbstachtung haben den Mut, sich ihre Fehler einzugestehen, und sie kennen den Preis der Dinge.

Joan Didion

Wir rufen uns unsere Fehler ins Gedächtnis: Worte, die wir besser nie gesagt hätten, falsche Entscheidungen, verpaßte Gelegenheiten. Wie sollen wir uns jemals wieder selbst vertrauen können?

Wenn wir unsere Fehler akzeptieren – was sie uns gekostet haben, was wir aus ihnen gelernt haben –, wächst unser Selbstwertgefühl. Wir können das Rad der Zeit nicht zurückdrehen, aber wir können uns unsere Fehler eingestehen und uns bemühen, uns in Zukunft anders zu verhalten: «Ich habe ihm Vorwürfe gemacht, als seine Firma Bankrott machte. Jetzt erkenne ich, wie sehr er meine Unterstützung gebraucht hätte.» «Ich stieß ihn fort, nachdem unser zweites Kind geboren worden war. Jetzt ist mir klar, daß wir beide ganz ausgehungert nach Zärtlichkeit waren.» «Ich war so von meiner Karriere in Anspruch genommen, daß ich meinen Mann vernachlässigt habe. Doch jetzt weiß ich, was ich wirklich will.»

Unsere Selbstachtung wächst und wächst, wenn wir uns der Vergangenheit mutig stellen.

Ich bin bereit, aus meinen Fehlern zu lernen.

Stark ist man dann, wenn man in der Lage ist, sich mit den eigenen Augen und nicht mit den Augen anderer zu sehen.
Agnes Whistling Elk/Lynn V. Andrews

Die meisten von uns haben viel zu viele Jahre damit verbracht, unseren Partner als Spiegel zu benutzen – uns bei der Wahrnehmung unserer eigenen Person auf das Spiegelbild in seinen Augen zu verlassen.

Dadurch haben wir unsere Stärke preisgegeben. Die Stärke, die ihren Ursprung darin hat, daß wir über ein eigenes Werturteil verfügen und unsere persönlichen Ziele zum Maßstab nehmen.

Wir sind so daran gewöhnt, Billigung von außen zu erhoffen, daß wir vielleicht gar nicht wissen, wie man nach innen blickt. Wir tun es, indem wir uns vor den Spiegel stellen und – ohne Kritik oder Koketterie – zu erkennen versuchen, wie wir auf die Außenwelt wirken. Wir tun es, indem wir aufhören, andere zu fragen, wie wir sind und wie wir vorankommen, und indem wir anfangen, uns selbst und unsere Fähigkeiten zu erkennen.

Ich erkenne mich selbst.

Zuerst mußt du dich selbst lieben, danach geht alles wie von selbst.

Lucille Ball

Sich selbst zu lieben, ist der Grundstein, um unser Leben wieder neu aufbauen zu können.

Das fällt Ihnen im Moment wahrscheinlich ziemlich schwer. Denn während wir unsere Wunden lekken und uns in Trauer und Selbstmitleid suhlen, halten wir uns wohl kaum für liebenswert.

Aber wir sind liebenswert! Und tatsächlich werden wir noch liebenswerter durch die Kraft und die Empfindsamkeit, die wir im Kampf und durch unser Überleben erlangt haben.

Was wir auch im Augenblick von uns selbst halten, wir sollten uns immer liebevoll und zärtlich behandeln. Uns kleine Geschenke machen. Uns mit Freunden umgeben, die uns unterstützen. Uns den schon lange notwendigen Tag gönnen, der ausschließlich der geistigen Gesundheit gewidmet ist.

Ich überlege mir drei Möglichkeiten, wie ich in der nächsten Woche etwas Gutes tun kann.

Schönheit kommt in allen Größen daher – nicht nur in Größe 36.

Roseanne

Marcia, die Jahre damit verbracht hatte, sich in Größe 52 zu quetschen, verließ ihren Mann und nahm noch weitere vierzig Pfund zu. Sie ist stolz darauf, eine attraktive große Frau zu sein, und genießt es, nicht länger für ihren Mann Diät halten zu müssen.

Kelly wiederum begann am Tag ihrer Scheidung eine Diät; sie ist begeistert, daß sie von Größe 46 auf Größe 38 abgenommen hat.

Nach einer Trennung ist es nur natürlich, einen neuen «Look» auszuprobieren. Ob wir nun zu- oder abnehmen, neue Kleider kaufen oder eine andere Frisur ausprobieren, alles ist gut, solange wir nicht ins Extrem verfallen und solange wir daran denken, was das Wichtigste ist: daß wir uns selbst gut fühlen und nicht versuchen, irgendeinem Bild von Schönheit, das jemand anders hat, nachzueifern oder es zu bekämpfen.

Ich möchte gut aussehen und mich gut fühlen – nur für mich selbst.

Man kennt eine Frau nicht, solange man noch keinen Brief von ihr bekommen hat.

Ada Leverson

Einer der besten Ratschläge, die man mir während meiner Scheidung gab, war der, meinem Exmann einen Brief zu schreiben. «Lassen Sie es heraus. Seien Sie so gemein und gehässig und wütend, wie Sie wollen», sagte meine Therapeutin, «natürlich müssen Sie ihn nicht abschicken», fügte sie hinzu, «das würden Sie wahrscheinlich auch gar nicht.»

Ich schrieb ihn. Und ich schickte ihn nicht ab, obwohl er immer noch zusammengefaltet in einer meiner Schubladen liegt. Das Schreiben selbst war die reinste Medizin. Tränen rannen mir übers Gesicht, der Stift raste übers Papier, als ich meinen Zorn bedenkenlos herausließ.

Holen Sie Stift und Papier heraus. Schreiben Sie alles auf, was Sie wollen, ohne auch nur ein einziges Wort zu streichen. Warten Sie einen Tag, lesen Sie den Brief noch einmal, dann legen Sie ihn fort.

Ich schreibe mir alles von der Seele.

Um morgens mühelos aufzustehen, ist es notwendig, einen Grund zu haben, der einen durch den Tag führt.

Judith Guest

An manchen Tagen ist es wirklich hart, aufzustehen und in Schwung zu kommen. Depressionen, die als Lethargie getarnt sind, geben uns das Gefühl, durch dichten Nebel zu tasten und kaum in der Lage zu sein, einen Fuß vor den anderen zu setzen.

Es hilft, einen Grund zu haben, der einen durch den Tag führt. Er kann als konkretes Ziel formuliert sein: «Heute will ich alle Arbeit, die ich auf dem Schreibtisch liegen habe, erledigen.» Oder: «Diese Woche will ich jeden Tag Sport treiben.» Er kann auch wie ein Leitsatz formuliert sein, der uns, wenn wir ihm folgen, motiviert und uns ein Ziel gibt, wie zum Beispiel: «Ich tue mein Bestes» oder «Immer nur einen Tag auf einmal».

Was denken, fühlen oder sagen Sie zu sich selbst, um den Tag zu überstehen?

Jeder Tag ist es wert, aufzustehen.

Ich habe das Gefühl, daß wir alle Inseln sind – im Meer der Menschheit.

Anne Morrow Lindbergh

Die schwierigste Aufgabe besteht darin, die Hand auszustrecken und Kontakt mit anderen Menschen aufzunehmen, wenn wir uns einsam fühlen. Doch genau das hilft uns, die Isolation aufzubrechen, die viele von uns im frühen Stadium nach einer Trennung gefangenhält.

Die meisten Gemeindezentren, Volkshochschulen und viele religiöse Organisationen bieten Selbsthilfegruppen an, um mit einer Trennung besser fertig zu werden. Der erste Schritt ist der Entschluß, hinzugehen. Der zweite Schritt besteht darin, herauszufinden, welches Angebot das geeignetste ist. Der dritte bedeutet, dort auch aufzutauchen, was immer mit Ängsten verbunden sein wird, aber von Mal zu Mal leichter ist.

Wir müssen uns nicht wie einsame Inseln fühlen. Wir müssen nur die Hand ausstrecken.

Ich bin nicht allein.

Alle Abenteuer sind angsteinflößend, besonders wenn sie auf neues Terrain führen.

Sally Ride

Es kann kaum etwas Beängstigenderes geben, als sich an Bord eines Raumschiffes zu begeben, wie Sally Ride, die erste amerikanische Astronautin, bezeugen kann. Doch ob wir nun das Universum erkunden oder mit unserem neuen Leben nach der Trennung beginnen, es ist nie einfach, seinen Fuß auf neuen Boden zu setzen.

An manchen Tagen ist unsere Furcht überwältigend. Wir bleiben in unserer «Sicherheitszone», anstatt uns in die Welt hinauszuwagen. An manchen Tagen wiederum sind wir geradezu abenteuerlustig. Die Angst kann erregend sein, wenn wir unsere ersten vorsichtigen Schritte auf fremdem Terrain machen.

Je mehr Risiken ich auf mich nehme, um so weniger Angst empfinde ich.

Die Realität ist eine Krücke für die Menschen, die nicht mit Drogen umgehen können.

Jane Wagner

In Wirklichkeit dienen Drogen jenen Menschen als Krücke, die nicht mit der Realität umgehen können. Gerade deshalb sind wir im Augenblick ganz besonders suchtgefährdet.

In Krisenzeiten neigen wir eher dazu, von stimmungsverändernden Substanzen als Mittel der Flucht abhängig zu werden. Das ist aus drei Gründen gefährlich: 1. Wir gehen das Risiko ein, von einer chemischen Substanz abhängig zu werden. 2. Die Sucht isoliert uns und macht es uns schwieriger, die Unterstützung zu finden, die wir brauchen. 3. Die Realität verschwindet nicht. Je angestrengter wir versuchen, unsere Einsamkeit zu vergessen und unseren Schmerz zu betäuben, um so intensiver kommen diese über uns.

Der einzige Genesungsweg ist der, sich der Realität zu stellen und zu seinen Gefühlen zu stehen.

Es gibt keine Droge, die meine Einsamkeit beheben könnte.

Wenn man sich nicht mehr daran erinnern kann, warum man verletzt ist, dann ist man geheilt.

Jane Fonda

Monate vergehen, und plötzlich wissen wir gar nicht mehr so genau, weswegen wir uns an jenem schrecklichen letzten Wochenende gestritten haben. Ein Jahr geht vorüber, und wir können uns kaum noch an den Klang seiner Stimme erinnern, ebensowenig an den Schmerz, den wir verspürten, wenn sie sich gegen uns erhob.

Ein Therapeut erzählte mir folgende Geschichte: «Ich war achtzehn Jahre alt und am Boden zerstört wegen eines Mädchens, das mir das Herz gebrochen hatte. Fast fünfzehn Jahre lang dachte ich fast täglich an sie. Dann traf ich sie eines Tages zufällig im Supermarkt, und da wurde mir klar, daß ich nichts mehr für sie empfand – keinen Zorn, keine Trauer, überhaupt nichts.»

Wenn die Einzelheiten unserer Enttäuschung langsam in unserer Erinnerung verblassen, wird es immer leichter, die Vergangenheit loszulassen. Unser Schmerz gleicht dann einer vergilbten Fotografie, die wir gelegentlich herausnehmen, um sie zu betrachten, und dann in die Schublade zurücklegen.

Jeden Tag schmerzt es mich etwas weniger.

Ich bin hart im Nehmen, ehrgeizig, und ich weiß genau, was ich will. Wenn mich das zum Biest macht, nun gut.

Madonna

Vielleicht müssen wir jetzt etwas härter sein, ob wir nun finanzielle Vereinbarungen treffen, um das Sorgerecht streiten, Kredite beantragen oder andere undankbare Aufgaben erledigen.

Wenn wir für unsere Rechte einstehen, das, was wir wollen, überzeugt und selbstbewußt vertreten, dann werden wir vielleicht als «Biest» bezeichnet. Oder noch schlimmer. Starke, ehrgeizige und selbstbewußte Frauen werden oft als aggressiv empfunden.

Lassen Sie sich durch Kritik und Beschimpfungen nicht verunsichern. Wenn Sie wirklich besorgt sind, daß Sie sich anderen gegenüber unfair verhalten, dann fragen Sie eine gute Freundin, ob das stimmt. Wahrscheinlich übernehmen Sie einfach nur die Verantwortung für sich selbst, wofür Sie Respekt verdienen, aber nicht Kritik.

Hart zu sein, ist manchmal nötig, um für mich selbst zu sorgen.

Wir sollten Stabilität niemals mit Stagnation verwechseln.

Mary Jean LeTendre

Der Wunsch nach Stabilität hat viele von uns dazu verleitet, eine Beziehung fortzusetzen, obwohl wir uns in dieser nicht mehr weiterentwickelten. Während wir uns zunehmend etablierten, sind unser Sinn für das Abenteuer und unsere Motivation, Abenteuer auch wirklich zu bestehen, zum Erliegen gekommen.

Jetzt haben wir die Gelegenheit, alle möglichen Dinge auszuprobieren. Wir können uns im Töpferkurs oder im Seminar für kreatives Schreiben anmelden, das wir immer schon einmal besuchen wollten. Probieren Sie etwas Neues aus. Selbst so etwas scheinbar Triviales wie eine neue Lippenstiftfarbe hilft uns dabei, die alten, bequemen Lieblingsverhaltensmuster zugunsten von Entwicklung und Wachstum aufzubrechen.

Fangen Sie heute noch an. Welches Abenteuer sind Sie bereit auszuprobieren?

Heute versuche ich einmal etwas Neues.

Organisieren geht über Lamentieren.

Florynce Kennedy

Eine hervorragende Therapie. Wenn wir niedergeschlagen sind, dann verleiht uns das Ausmisten der Schränke, das Neuordnen der Bücherregale, sogar das Ordnen der Rechnungen und das Ausgleichen unseres Kontos ein besseres Gefühl, das Gefühl, unser Leben im Griff zu haben. Es verwandelt das Chaos, wenn auch nur vorübergehend, in Ordnung.

Das Aufräumen dient zwei Zwecken: Die Angelegenheiten werden erledigt, und wir fühlen uns erfolgreicher. Statt nur herumzusitzen und Trübsal zu blasen, nehmen wir die Dinge an die Hand – wieder etwas erledigt, das wir von unserer Liste streichen können. Und zumindest vorübergehend ordnen wir unsere Umgebung und verbessern unsere Stimmung.

Es ist Zeit, Ordnung zu schaffen.

Auch wenn die Zeit, die ich allein verbringe, nicht das ist, was ich will, so ist sie vielleicht das, was ich brauche.

Carol Slade

Wir halten uns die Einsamkeit vom Hals, indem wir Ferngespräche führen, in Single-Bars gehen oder einen Einkaufsbummel machen, wo doch das, was wir in Wirklichkeit brauchten, das Alleinsein wäre.

Einsamkeit ist ein schwerer, aber notwendiger Bestandteil des Genesungsprozesses. Wir brauchen die Zeit, welche wir allein verbringen, um uns zu öffnen und unseren Tränen freien Lauf zu lassen, um unseren Gedanken und Gefühlen nachzuhängen und unseren Erinnerungen – traurigen *und* fröhlichen – nachzuspüren. Wir brauchen Zeit, um in unserem alten Sweatshirt herumzurennen, alten Melodien zu lauschen, Tagebucheintragungen zu machen oder vielleicht sogar fernzusehen.

Es hilft, wenn wir das Alleinsein als ein Geschenk an uns selbst betrachten: kostbare Zeit, die wir bewußt allein verbringen wollen und die wir genießen.

Ich beschenke mich selbst mit meiner Gesellschaft.

Frauen lehrt man, Probleme zu verinnerlichen sowie in sich hineinzublicken und zu sehen, was nicht mit ihnen «stimmt».

Dana L. Wilde

Es hat keinen Sinn, von Frauen erwarten zu wollen, daß sie Probleme nicht persönlich nehmen. Wie das berühmte Zitat von Marya Mannes sagt: «Frauen werden dauernd angeklagt, die Dinge zu persönlich zu nehmen. Ich kann mir nicht vorstellen, wie man sie denn sonst nehmen sollte.»

Aber wenn wir unsere Fehler persönlich nehmen können, dann müssen wir auch das Positive unserer Handlungen erkennen. Statt sich zu fragen, was Sie *falsch* gemacht haben, fragen Sie sich nun, was Sie *richtig* gemacht haben. Was haben Sie getan, um Ihre Beziehung erfolgreich zu gestalten? Welche Gaben, welche Talente, was für Fähigkeiten brachten Sie in die Beziehung ein, die dazu beigetragen haben, daß sie wuchs und gedieh?

Ich bin stolz auf meinen positiven Beitrag.

Wenn ich draußen in der Natur bin, fühle ich mich vollständig, friedvoll, eins mit allem, was mich umgibt.

Jeanne Engelmann

Der Natur nahe zu sein, hilft uns, unseren inneren Frieden wiederzufinden und unsere Isolation zu überwinden. Wir atmen die frische Luft ein, sind überwältigt von dem herrlichen Farbenspiel des Herbstlaubes. Der Frühling geht in den Sommer über, während wir im Sonnenschein baden und uns im Wasser treiben lassen. Wir bestaunen die Pracht der Berge in der Ferne ebenso wie das Meer, welches bis in die Unendlichkeit reicht.

Jede Wiedervereinigung mit der Natur – egal, ob es sich nur um einen kurzen Spaziergang oder um eine Woche in der Wildnis handelt – gibt uns das Gefühl, vollständiger und in Einklang mit allem, was uns heilig ist, zu sein.

Die Natur schenkt mir Kraft. Heute werde ich mir Zeit für die Natur nehmen.

Trauer ist die beständige Erinnerung daran, daß die Dinge jetzt anders sind.

Stephanie Ericson

Wir wachen auf und brauchen ein paar Sekunden, damit uns klar wird, daß er nicht länger an unserer Seite schläft. Wir stehen in der Reinigung und glauben, daß die Hälfte unserer Bestellung – seine Anzüge – vergessen worden sein muß, bis wir voller Verlegenheit unseren Fehler erkennen, und auf eine Einladung hin sagen wir für beide den Besuch einer Party zu.

Jedesmal wird uns klar, daß die Dinge sich verändert haben, und jedesmal fühlen wir den schmerzhaften Stich der Trauer. Wir trauern, daß die Umstände unseres Lebens sich unwiderruflich verändert haben. Die Veränderungen sind möglicherweise – sogar höchst wahrscheinlich – Veränderungen zum Besseren. Aber das mindert nicht die Intensität unseres Verlustes.

Ich erkenne die Veränderungen in meinem Leben und erlaube mir, zu trauern.

Wann muß ich loslassen? Wenn es am wenigsten wahrscheinlich oder möglich ist.

Melody Beattie

Losgelöstsein ist ein wichtiges Ziel in der östlichen Philosophie; es ist nötig, uns von unserem Ego zu lösen, um inneren Frieden zu erlangen.

Aber wie die Autorin Melody Beattie sagt, ist es dann am schwersten, wenn wir es am meisten brauchen. Wie sollen wir verhindern, daß wir die Hände ringen, wenn unser Ex fünfundvierzig Minuten zu spät kommt, um die Kinder übers Wochenende zu sich zu holen? Wenn unser Antrag für eine Kreditkarte auf unseren eigenen Namen zurückgewiesen wird? Wenn eine Freundin uns gedankenlos von ihrer Party ausschließt, weil unser Status als «Single» ihre Sitzordnung durcheinanderbrächte?

Mit anderen Worten: Wie können wir die Ruhe bewahren, wenn wir das Gefühl haben, gleich einen Anfall zu bekommen? Und so geht's: Wir setzen uns hin, zählen bis zehn, atmen ein und aus und wiederholen die Worte:

Das hier hat nichts mit mir zu tun. Ich kann mich klar davon distanzieren.

Der menschliche Geist ist stärker als alles, was ihm zustoßen kann.

C. C. Scott

Der menschliche Geist ist unglaublich anpassungsfähig. Betrachten Sie den Mut von Krebspatienten, mit dem sie die Chemotherapie überstehen, und wie sie trotz aller Widrigkeiten ums Überleben kämpfen. Oder die emotionale Stärke, die die Opfer von Naturkatastrophen an den Tag legen, wenn sie sich durch die großen Schutthaufen kämpfen, um ihre Häuser wieder aufzubauen.

Genauso können auch wir uns auf unsere innere Stärke und unsere Unverwüstlichkeit verlassen, die uns über die schwere Zeit der Trennung hinweghelfen.

Wir wissen, daß wir dabei sind, uns zu erholen, wenn unsere Konzentrationsfähigkeit sich verbessert, wenn wir weniger gereizt sind, wenn die Menschen in unserer Umgebung aufhören, uns wie ein rohes Ei zu behandeln. Wenn wir eines Morgens aufwachen und bemerken, daß wir lächeln, uns auf das Wochenende freuen und einen ganzen Tag überstanden haben, ohne auch nur einmal an ihn zu denken.

Mein Überlebenswille hilft mir bei der Genesung.

Eine der größeren Errungenschaften der Frauenbewegung in den Siebzigern war die der getrennten Kassen.

Nora Ephron

Es ist jetzt zwanzig Jahre her, daß Sie das letzte Mal ein Rendezvous hatten. Sie trödeln mit dem Dessert, dann kommt die Rechnung, und plötzlich fühlen Sie sich, als ob der Boden unter Ihren Füßen schwankte: Soll er zahlen? (Immerhin hat er Sie eingeladen.) Sollen Sie bezahlen? (Immerhin sind Sie finanziell unabhängig.) Sollen Sie getrennt bezahlen? (Das scheint die einfachste Lösung zu sein.)

Es gibt keine festen Regeln, deshalb ist es am besten, dies schon vorher festzulegen oder das Thema zur Sprache zu bringen, bevor die Rechnung auf dem Tisch liegt. In jedem Fall sollten Sie dafür sorgen, nicht ohne Geld oder Kreditkarte aufzutauchen. Seien Sie darauf vorbereitet, für sich selbst zu bezahlen.

Ich bin selbständig und vermeide dadurch unangenehme Situationen.

Gönnen Sie sich eine Maniküre, eine Pediküre oder sonst eine Kur.

Melba Colgrove, Harold H. Bloomfield, Peter McWilliams

Es gibt nichts Schöneres, als sich selbst zu verwöhnen. Tatsächlich handelt es sich um eine hervorragende «Therapie» in Streßzeiten – und ein wirksames Mittel gegen Depressionen.

Ob wir unsere Finger im Seifenwasser der Maniküre baden, uns unter den Expertenhänden einer Masseuse entspannen, uns eine Gesichtsmassage oder eine Pediküre leisten, das alles sind Möglichkeiten, um sich selbst etwas Gutes zu tun.

Aber solch ein Spaß muß keineswegs teuer sein. In den meisten Kaufhäusern kann man sich preiswert neues Make-up auflegen lassen. Ein Tag in der Badeanstalt, ein Schaumbad oder zehn Minuten an einem Kosmetikstand können Wunder wirken.

Ich werde daran denken, mich zu verwöhnen.

Man kann ein Leben lang Zeit haben und am Ende mehr über andere Leute wissen als über sich selbst.

Beryl Markham

Viele verbrachten Jahre damit, sich auf ihren Partner zu konzentrieren. Sie sind aufs engste mit seinen Vorlieben, seinen Problemen, seinen Bedürfnissen und Wünschen vertraut, manchmal auf Kosten ihrer eigenen Wünsche.

Jetzt haben wir die Gelegenheit, besondere Aufmerksamkeit den Fragen danach zu schenken, wer *wir* sind und was *uns* glücklich macht. Beides beginnt im Alltäglichen: Wir bemerken, daß wir es genießen, uns in den Schlaf zu lesen. Wir essen lieber Butter als Margarine. Und es geht im größeren Rahmen weiter: Wir fanden Ferien in den Bergen immer schon schrecklich. Wir wollen uns jetzt in der Kirche engagieren. Mit anderen Worten: Jetzt sind wir dran. Wenn wir uns auf uns selbst konzentrieren, was entdecken wir da? Was überrascht uns am meisten?

Ich lerne immer wieder neue Dinge über mich selbst kennen.

Er sucht schlanke brünette Frau zwischen 33 und 40, die romantische Romane, Kaffeehäuser und Reisen in exotische Länder liebt. Bitte keine Exmänner oder Kinder, die mein Leben erschweren könnten.

Kontaktanzeige

Großartig. Wir haben uns schließlich doch ein Herz gefaßt, die Kontaktanzeigen durchzuschauen, nur um herauszufinden, daß wir es nicht sind, nach der «er» sucht. Das letzte, was wir brauchen, ist ein Mann, der vor einer ersten Ehe und/oder Kindern zurückschreckt.

Nach meiner Scheidung traf ich mich öfters mit einem Mann, der mich mit einem Porsche nach einem Totalschaden verglich; er wandte sich von mir ab, um eine dreißigjährige, alleinstehende Frau zu heiraten, die offensichtlich niemals einen Kratzer abbekommen hatte.

Ich weiß. Männer wie dieser sind es nicht wert, daß man sich mit ihnen trifft, und schon gar nicht, daß man sie heiratet. Außerdem gibt es viele andere Männer, die den Wert der Erfahrung kennen.

Wenn Sie tatsächlich die Kontaktanzeigen durchblättern, dann hier noch eine kleine Warnung: Seien Sie vorsichtig. Geben Sie Ihre Adresse oder Telefonnummer nicht preis. Treffen Sie sich an einem öffentlichen Ort. Machen Sie Ihre eigene Sicherheit zu Ihrem obersten Anliegen.

Sein Pech.

Hat heutzutage irgend jemand noch ein normales Familienleben?

Katie R.

Neueste Studien haben ergeben, daß weniger als ein Viertel aller mitteleuropäischen Familien in das typische Familienbild, bestehend aus Mutter, Vater, zwei Kindern, einem Haus und einem Hund, passen.

Tatsächlich verändert sich die Definition von dem, was eine Familie ausmacht, ständig. Sie beinhaltet Stiefeltern, gleichgeschlechtliche Eltern, Lebensgefährten und alle anderen Arten des Zusammenlebens, die durch Scheidung und Trennung hervorgerufen wurden. Wir werden mit verwirrenden Problemen konfrontiert: Wie sollen wir unsere neue Liebesbeziehung in unser Verhältnis zu unseren Kindern integrieren? (Laden wir ihn ein, die Nacht bei uns zu verbringen?) Wie verhalten wir uns der Freundin oder neuen Frau unseres Expartners gegenüber? Sollen wir die Beziehung zu unserer ehemaligen Schwiegermutter aufrechterhalten? (Sie ist immerhin die Großmutter unserer Kinder.)

Wir müssen unserem Instinkt und unserem gesunden Menschenverstand vertrauen und folgende Faustregel anwenden:

Ich tue nur das, was ich für richtig halte.

Machen Sie eine Liste mit wenigstens sechs Dingen, die Sie mindestens einen Monat lang nicht *entscheiden werden.*
Melba Colgrove, Harold H. Bloomfield, Peter McWilliams

Die meisten Experten empfehlen, größere Entscheidungen in Übergangszeiten weitgehend aufzuschieben. Ein vernünftiger Ratschlag, der schwer zu befolgen ist. Nach einer Trennung sind wir versucht, dramatische Veränderungen vorzunehmen, um unsere Trauer zu überlisten und unser Leben schnell wieder in den Griff zu bekommen.

Aber es gibt einen guten Grund, sich Beschränkungen aufzuerlegen. In Krisenzeiten besitzen wir keine ausreichende Urteilsfähigkeit, aber die Tendenz, uns in Dinge hineinzustürzen, die nicht unbedingt gut für uns sind. Wenn Sie glauben, vor der Chance Ihres Lebens zu stehen – eine neue Wohnung, ein anderer Beruf, eine Liebesbeziehung –, treten Sie einen Schritt zurück. Wenn es wirklich eine gute Idee ist, dann wird es auch in ein paar Monaten noch eine gute Idee sein.

Ich werde der Versuchung widerstehen, zum jetzigen Zeitpunkt tiefgreifende Veränderungen vorzunehmen.

Kluge Frauen wissen: *«Ihn zurückhaben zu wollen», ist wahrscheinlich nicht das, was sie wirklich wollen ... es ist nur das, was sie wollen, wenn sie Schmerz empfinden.*

Steven Carter, Julia Sokol

Es ist unwichtig, wie sehr wir uns die Trennung von ihm gewünscht haben, aus der Entfernung kommt er uns jetzt wieder nett vor, besonders wenn wir einsam sind oder Angst haben. Plötzlich haben wir nur noch ein lückenhaftes Gedächtnis: Wir erinnern uns, wie sehr wir sein Lachen mochten, an unsere wunderbare Reise nach Südfrankreich, daran, wie er während der Geburt unserer Tochter dreizehn Stunden lang unsere Hand gehalten hat. Seine besten Eigenschaften kommen uns wieder in den Sinn, und wir können uns nicht mehr daran erinnern, warum wir ihn verlassen haben.

Nehmen Sie sich die Zeit, um eine Liste der Gründe zu machen, warum Sie Sich zur Trennung entschlossen haben. Es wird Sie daran erinnern, daß Sie ihn nicht mehr brauchen. Was Sie *wirklich* brauchen, ist liebende Unterstützung. Rufen Sie eine Freundin an. Nicht ihn.

Ich werde ihn nicht anrufen. Ich werde ihn nicht anrufen. Ich werde ihn nicht anrufen.

Sagen Sie, daß es Ihnen leid tut, wenn Sie jemanden verletzt haben.

Robert Fulghum

Wenn wir uns bei unserem Ex für all die Gelegenheiten entschuldigen, bei denen wir ihn absichtlich oder unabsichtlich verletzt haben, dann hilft uns das, über unseren Schmerz hinwegzukommen. Wenn wir uns bei unseren Kindern entschuldigen, weil sie auf vielerlei Weise gelitten haben, dann hilft uns das, Schuldgefühle abzubauen. Wenn wir uns bei uns selbst entschuldigen, weil wir so viel Schmerz erfahren haben und immer noch erfahren, dann hilft uns das, unsere Trauer loszulassen und uns mit unserem Leben zu versöhnen.

Wenn wir mit unseren Fehlern ins reine kommen, dann machen wir den Weg frei, um leichteren Herzens in die Zukunft zu blicken.

Es tut mir leid.

Um das zu bekommen, was wir in Händen halten wollen, kann es notwendig sein, alles zu verlieren.

Bernadette Devlin

Vor zwei Jahren lag ich schluchzend in einer dunklen Ecke meines Wohnzimmers und versuchte, mit dem Gedanken an das Ende meiner zwölfjährigen Ehe klarzukommen und mit allem, was das bedeutete. Heute plane ich die Hochzeit mit dem Mann, den ich liebe. Keiner hätte mir sagen können, wie positiv sich mein Leben entwickeln würde. Keiner hätte mir versichern können, daß ich im Laufe der Zeit glücklicher sein würde, als ich jemals in meinem Leben gewesen war.

Wenn ich Ihnen ein Geschenk machen könnte, dann wäre es eine Kristallkugel, in der sich strahlend und klar Ihre Zukunft zeigen würde, und sei es nur für einen Augenblick.

Aber es gibt keine Kristallkugeln, nur die Erkenntnis, die später kommt, wenn wir zurückblicken, und unsere manchmal schwankende Überzeugung, daß die Zukunft heller wird.

Ich stelle mir vor, daß ich in der Zukunft sicher, geborgen und geliebt sein werde.

MAI

Nichts fördert das Selbstvertrauen so sehr wie das Wissen, daß man zu den Überlebenden zählt.

Carole Gottleib, Carole Huatt

Ich bin eine Überlebende. Harte Worte. Sie zeugen von Schmerz, Kampf und Unglück, worauf wir gut hätten verzichten können.

Aber wer überlebt, auf den warten auch einige wunderbare Belohnungen. Wir haben das Schlimmste erlebt, und wir haben es überstanden. Wir haben es allein geschafft, indem wir jeden Rest Mut, Entschlossenheit und Engagement zusammenkratzten, um diese gräßliche Zeit zu überstehen.

Unsere Belohnung ist ein tieferes Verständnis und eine tiefere Wertschätzung für den Stoff, aus dem wir gemacht sind. Unser gestärktes Selbstvertrauen leistet uns gute Dienste, während wir beginnen, uns ein neues Leben aufzubauen.

Ich kann voller Stolz sagen, daß ich eine Überlebende bin.

Eltern mögen sich voneinander scheiden lassen, aber sie lassen sich niemals von ihren Kindern scheiden.

A.

Als Mütter müssen wir mit dem Vater unserer Kinder auch weiterhin in unzähligen Situationen kommunizieren: Wenn wir unser Kind abliefern und wieder abholen, Elternabenden in der Schule beiwohnen, entscheiden, ob es eine Zahnklammer bekommen soll, oder es ins Gebet nehmen müssen... unsere Verbindung bleibt auf vielerlei Weise bestehen, ob wir es wollen oder nicht.

Es ist egal, ob Sie sich in Freundschaft oder voller Bitterkeit getrennt haben, es gibt Möglichkeiten, wie Sie den Streß minimieren und die Zusammenarbeit maximieren können, wenn Sie gemeinsam auf den Plan treten müssen: 1. Indem Sie die Treffen mit Ihrem ehemaligen Partner so kurz und knapp wie möglich gestalten. 2. Indem Sie sich auf Ihre gemeinsame Sorge um Ihr Kind konzentrieren und es vermeiden, die Vergangenheit aufzuwärmen. 3. Am wichtigsten: Indem Sie die Sicherheit und das Glück Ihrer Kinder zu Ihrem obersten Prinzip machen.

Meine Kinder stehen an erster Stelle.

Was auch geschieht, meine Familie hält immer zu mir.

Willie Nelson

Als er beinahe vor dem finanziellen Ruin stand, konnte Willie Nelson sich glücklich preisen, daß ihn seine Familie unterstützte.

Es gibt nichts Besseres: Die Liebe und die Loyalität unserer nächsten Angehörigen trägt eine Menge dazu bei, uns über die harten Zeiten hinwegzuhelfen.

Unglücklicherweise können wir uns auf unsere Familie nicht immer verlassen. Vielleicht wohnen unsere Eltern oder Geschwister dreihundert Kilometer von uns entfernt, sind verstorben, nicht erreichbar oder einfach nur unfähig, uns ihre Unterstützung zu gewähren. Besonders wenn unsere Eltern zu übertriebener und vorschneller Kritik neigen, fahren wir besser damit, jemand anderes um Unterstützung zu bitten. Wir müssen uns an unsere Freunde wenden, auf die wir uns verlassen können, egal, was passiert.

Es gibt Menschen, auf die wir uns verlassen können und die uns bedingungslos unterstützen.

Heinrich VIII. ließ sich nicht scheiden, er ließ sie einfach köpfen. Das ist eine praktische Art und Weise, seine Frau loszuwerden – keine Unterhaltszahlungen.

Ted Turner

Auch wenn wir annehmen, daß Ted Turner das im Scherz gesagt hat, sind seine Worte kränkend. Sie sagen aus, daß Unterhaltszahlungen eine schreckliche Last auf männlichen Schultern sind, die es unter allen Umständen zu vermeiden gilt.

Obwohl nur wenige geschiedene Frauen heutzutage Unterhaltszahlungen gewährt bekommen, ist dieses gesetzliche Arrangement nur recht und billig – es garantiert denjenigen Frauen finanzielle Hilfe, die ihr Eheleben damit verbracht haben, ihre Ehemänner auf allen Ebenen zu unterstützen, einschließlich Haushaltsführung und Erziehung der Kinder. Für Frauen, die auf Unterhaltszahlungen angewiesen sind, ist dies eine Notwendigkeit, die sie verdient haben und die ihnen rechtmäßig zusteht.

Ich fühle mich nicht schuldig, wenn ich von meinem Exmann finanzielle Unterstützung annehme.

Erwarte ein Wunder.

Autoaufkleber

Diesen Spruch mag ich besonders gern. Er heitert mich auf, besonders, wenn ich im Verkehr feststecke, gestreßt bin und mich eine Million Probleme belasten.

Ich mag den Gedanken, daß Wunder möglich sind und bin absolut davon überzeugt, daß es stimmt. Und ich mag den Gedanken, daß wir die Fähigkeit haben, Wunder zu bewirken – oder zumindest, sie zu bemerken –, und das einfach nur durch die Kraft positiver Erwartungen.

Versuchen Sie es. Schließen Sie Ihre Augen und bitten Sie heute um ein Wunder. Etwas wirklich Wunderbares, das Ihr Leben von Grund auf verändern würde. Erwarten Sie, daß es passiert.

Ich glaube an ein Wunder.

Sich reich zu fühlen, fußt auf vielerlei Dingen: auf Gesundheit, Geborgenheit, Freiheit und Lachen...

SARK

Viele von uns sind nach einer Trennung gezwungen, den Gürtel enger zu schnallen. Das Einkommen ist geringer, die Ausgaben höher, und keiner ist da, der die Last mit uns teilt. Man fühlt sich leicht entmutigt, wenn man sich mit den finanziellen Opfern konfrontiert sieht, die man machen muß, um es allein zu schaffen. Aber wir dürfen nicht verzweifeln. Statt dessen können wir eine Liste der Reichtümer in unserem Leben aufstellen: Wir sind gesund. Wir finden Geborgenheit bei unseren Freunden, unserer Familie und in unserer Arbeit. Wir genießen die Freiheit, weil wir uns von unseren Fesseln befreit haben. Wir lachen, um unsere Freude und Dankbarkeit für alles, was wir haben, zum Ausdruck zu bringen.

Ich erkenne meinen Reichtum.

Ich habe gelernt, daß meine Kinder, wie die meisten Kinder, lieber die ganze Nacht in einem Salzbergwerk arbeiten würden, als auf dem heimischen Rasen das Laub zusammenzukehren.

Phil Donahue

Während einer Trennung ist es ganz natürlich, seinen Kindern mehr durchgehen zu lassen, um einen Ausgleich für die Unruhe zu schaffen, der sie ausgesetzt sind. Gleichzeitig brauchen wir von ihnen gerade jetzt mehr: mehr Verständnis, mehr Unterstützung und mehr Hilfe.

Ob wir nun das alleinige Sorgerecht haben oder es uns teilen, es ist wichtig, daß wir von unseren Kindern erwarten, daß sie zusätzliche Aufgaben übernehmen. Wir können nicht alles tun, und wenn wir es versuchen, dann treiben wir uns nur selbst zur Erschöpfung und vermindern unsere eigene Fähigkeit, eine gute Mutter zu sein. Wenn unsere Kinder alt genug sind, dann müssen sie lernen, uns zu unterstützen, ob es nun darum geht, den Abwasch zu machen, die Wäsche zusammenzulegen oder besonders artig zu sein, wenn sie ins Bett sollen.

Das alles gehört bei einer Familie in einem Übergangsstadium dazu. Jedes Familienmitglied trägt seinen Teil dazu bei, um den Weg zu ebnen.

Ich werde meine Kinder darum bitten und es auch von ihnen erwarten, daß sie ihren Teil zum Ganzen beitragen.

Vervollständigen Sie diesen Satz: Ich bedaure, daß ...
Melba Colgrove, Harold H. Bloomfield, Peter McWilliams

Diese Übung ist der Mühe wert. Nehmen Sie einen Notizblock und einen Stift und beenden Sie den Satz so oft, wie Sie müssen, um das ganze Bedauern zum Ausdruck zu bringen, das Sie empfinden: «Ich bedaure, daß ich seine Arbeit kritisiert habe.» «Ich bedaure, daß ich gemein zu seiner Mutter war.» «Ich bedaure, daß ich mich in der Therapie nicht mehr angestrengt habe.» «Ich bedaure, daß ich so lange bei ihm geblieben bin.»

Sein Bedauern auszudrücken, erfüllt durchaus seinen Zweck, denn es baut anhaltende Zweifel ab. Obwohl wir die Zeit nicht zurückdrehen können – was geschehen ist, ist geschehen –, können wir uns von schmerzhaften Schuldgefühlen befreien, damit sie uns nicht länger lähmen. Dann sind wir frei, um neue Entscheidungen zu treffen und von diesem Augenblick an anders zu handeln.

Ich bedaure, daß ...

Ich bedaure nichts.

Ellen Sue Stern

Und dann gibt es Menschen, und dazu gehöre ich auch, die darauf beharren, daß sie nichts bereuen. Rückblickend haben wir mit guten und schlechten Zeiten unseren Frieden geschlossen. Wir wissen tief in unseren Herzen, daß jede Entscheidung, die wir getroffen haben, zu diesem Zeitpunkt die richtige war, eine wichtige Lektion des Lebens, die für unser Wachstum unentbehrlich war.

Wie eine Frau, die sich etwa zwei Jahre zuvor hatte scheiden lassen, sagte: «Bruce war genau der Mann, den ich in diesem Stadium meines Lebens an meiner Seite haben wollte. Wir bauten uns gemeinsam eine Karriere auf, wir erzogen gemeinsam die Kinder, und schließlich war es für jeden von uns Zeit, weiterzuziehen. Aber so schmerzhaft unsere Trennung auch war, ich werde immer dafür dankbar sein, daß ich ihn geheiratet habe.»

Hoffentlich lernen wir im Laufe der Zeit zu schätzen, daß in jenem Stadium unseres Lebens unsere Beziehung genauso richtig für uns war, wie es jetzt die Trennung ist.

Trotz meines Schmerzes erkenne ich, warum diese Beziehung in meinem Leben notwendig war.

Es ist nicht von Bedeutung, wie langsam du gehst, solange du nicht stehenbleibst.

Konfuzius

Vielleicht können wir ja auch nur kleine Schritte machen. Wir sind etwas weniger energisch bei der Arbeit, zurückhaltender, wenn es darum geht, uns mit anderen Menschen zu treffen, langsamer darin, unsere Gelegenheiten zu ergreifen und wichtige Entscheidungen zu treffen.

Und genau so sollte es sein. In streßreichen Zeiten müssen wir unseren Schritt verlangsamen. Solange wir nicht völlig stehenbleiben, besteht kein Grund zur Sorge.

Wenn Sie das Gefühl haben, wie gelähmt zu sein oder festzusitzen, dann suchen Sie sich therapeutische Hilfe. Aber wenn Sie einfach nur finden, daß Sie für alles etwas länger brauchen und mehr Energie aufbringen müssen, dann entspannen Sie sich. Sie machen das ganz prima.

Ich bewege mich langsam, aber in die richtige Richtung.

Ich entdeckte, daß ich immer die Wahl hatte, auch wenn es sich dabei nur um meine Einstellung zu den Dingen handelte.

Judith Knowlton

Es ist gut, daran zu denken, daß wir immer die Wahl haben, und wenn es nur die Entscheidung ist, unsere positive Einstellung zu fördern. An manchen Tagen fällt uns das leichter. Eine Freundin ruft uns an und lädt uns zum Abendessen ein, das heitert uns auf und bringt uns zum Lächeln. Ein Kollege macht uns ein Kompliment. Wir planen eine Reise.

An anderen Tagen müssen wir uns stärker darum bemühen, Hoffnung zu empfinden. Es ist anstrengend, sich auf oder über irgend etwas zu freuen. Dann müssen wir noch tiefer in unserem Inneren nach Gründen suchen, warum wir voller Optimismus sein dürfen: Die Arbeit läuft gut, trotz all des Drucks, der auf uns lastet. Unsere Kinder kommen in der Schule prima zurecht. Wir sind am Sonntag zum Brunch bei guten Freunden eingeladen. Wir haben zwei volle Tage nicht mehr an unseren Ex gedacht.

Welche glücklichen Dinge gibt es in Ihrem Leben, die Ihnen Hoffnung geben, wenn Sie an sie denken?

Ich denke an die schönen Dinge in meinem Leben.

Jeder hielt mich für unerschrocken und mutig, aber im Innern zitterte ich ständig.

Katharine Hepburn

Wir verleugnen uns selbst, wenn wir stärker zu erscheinen versuchen, als wir uns fühlen.

Es ist großartig, stark zu sein und sich auf sich selbst verlassen zu können, aber es ist auch wichtig, anderen Menschen zu zeigen, wie sehr wir uns danach sehnen, von ihnen umsorgt zu werden. Wir müssen uns zuweilen gehenlassen und riskieren, daß unsere Freunde und unsere Familie erkennen, wie verletzlich und verängstigt wir uns hinter unserer Maske der Tapferkeit, die wir der Welt zeigen, fühlen.

Es ist erstaunlich, wie bereit andere Menschen sind, für uns dazusein. Aber egal, wie sehr sie sich um uns kümmern, sie können keine Gedanken lesen. Sie können nur für uns dasein, und zwar in dem Maße, wie wir bereit sind, sie an uns heranzulassen.

Ich muß nicht so tun, als ob ich aus Stein wäre.

Wie nahe Furcht und Mut zusammenwohnen, das weiß vielleicht am besten, wer sich dem Feind entgegenwirft.

Christian Morgenstern

Wie wahr! Und was wir in diesen Zeiten der Angst und Unsicherheit am meisten benötigen, ist Mut. Mut, uns den Widrigkeiten unseres Lebens entgegenzuwerfen und sie zu besiegen wie in der Sage der Held den Drachen. Aber oft genug grollen wir statt dessen unserem Schicksal und fragen uns, warum das ausgerechnet uns passieren muß.

Doch was ist, wenn die vermeintlichen Hindernisse in Wirklichkeit Gelegenheiten sind, bei denen wir den eigenen Mut, die eigene Stärke, Würde und Anmut unter Beweis stellen können? Gelegenheiten, um Negatives in Positives zu verwandeln?

Denken Sie an einen Augenblick – ein Ereignis vor, während oder nach ihrer Trennung –, in dem Sie sich gelassen und würdevoll verhalten haben. Einen Augenblick, in dem Sie an Ihrer Aufgabe gewachsen sind. Als Sie wirklich stolz auf sich selbst waren. Auf welchen inneren Quell der Stärke konnten Sie zurückgreifen, um das Negative ins Positive zu verwandeln?

Ich wachse an meinen Herausforderungen.

Du warst da, als ich dich brauchte.

Deidra Sarault

Nehmen Sie sich jetzt einen Augenblick lang Zeit, um an alle Menschen in Ihrem Leben zu denken, die vor, während und nach Ihrer Trennung für Sie da waren. Wen haben Sie mitten in der Nacht angerufen, als Sie nicht schlafen konnten? Wer gab Ihnen Geborgenheit, sorgte für Sie und tröstete Sie, als Sie sich ganz allein fühlten? Welche Freunde oder Familienmitglieder waren hilfsbereiter, als Sie je angenommen hätten? Wem werden Sie für immer dankbar sein, wenn Sie zurückblicken?

Obwohl keiner von uns freiwillig Schmerzen auf sich nehmen würde, besteht doch einer der Vorteile darin, daß wir in diesen Zeiten herausfinden, wer wirklich unsere Freunde sind. Vergessen Sie nicht, ihnen zu danken. Sagen Sie ihnen, wie sehr sie Ihnen in Ihrem Leben geholfen haben.

Ich danke meinen Freunden für ihre Unterstützung.

Mitleid ist das tödlichste Gefühl, das man einer Frau entgegenbringen kann.

Vicki Baum

Es gibt eine feine Grenze zwischen Mitgefühl und Mitleid. Das eine hört sich ungefähr so an: «Es tut mir wirklich leid, was du gerade durchmachen mußt.» Das andere klingt folgendermaßen: «Du tust mir leid.»

Das ist keineswegs Haarspalterei. Sowohl in Stil als auch in Inhalt besteht ein himmelweiter Unterschied. Wir wünschen uns Verständnis. Wir wollen aber nicht herablassend behandelt werden. Wir möchten, daß sich jemand um uns sorgt. Wir möchten aber nicht, daß andere Menschen das Gefühl haben, für uns sorgen zu müssen. Und hauptsächlich wollen – und brauchen – wir Unterstützung durch mitfühlende Freunde, damit wir, egal wie schwierig es ist, die Kraft finden, das Ganze zu überstehen.

Ich will kein Mitleid.

Wir brauchen Mut, um die alten Kleider wegzuwerfen, die ihre besten Tage hinter sich haben.

Fridtjof Nansen

Wenn wir unsere Schränke ausmisten – im sprichwörtlichen wie im übertragenen Sinne –, dann symbolisiert dies ein weiteres Stadium unserer Heilung. Sorgfältig betrachten wir jedes Kleidungsstück, durchleben unsere Erinnerungen aufs Neue und rangieren die Kleider aus, die uns an die Vergangenheit erinnern – den leuchtendroten Pullover, den wir an dem Abend trugen, als wir uns verlobten. Den Seidenpyjama, den er an uns so liebte. Unser Hochzeitskleid, das wir sorgfältig weggepackt haben.

Stück für Stück entledigen wir uns der Symbole unserer Beziehung und machen in unserem Schrank Platz für das, was zu dem Menschen, der wir heute sind, paßt.

Stück für Stück löse ich mich von der Vergangenheit.

Abschiede sind immer traurig, egal was der morgige Tag uns verspricht.

Janet Leigh

Ganz egal, wie glücklich und hoffnungsfroh wir der Zukunft entgegenblicken, der Schmerz und der Kummer erinnern uns daran, daß wir immer noch dabei sind, uns zu verabschieden.

Manchmal überrascht uns unsere eigene Traurigkeit. Wir fahren auf der Autobahn und summen vor uns hin, als plötzlich im Radio «unser» Lied erklingt und wir in Tränen ausbrechen. Wir treffen beim Wohltätigkeitsbasar in der Schule andere Eltern, die sich gutgemeint danach erkundigen, wo unser Mann ist, und plötzlich fühlen wir uns sehr verlassen und allein.

Wir verabschieden uns immer und immer wieder und lassen unsere Trauer zu, bis wir sämtliche Abschiede hinter uns haben.

Auf Wiedersehen. Wieder einmal.

Für mich war es eine große Erleichterung, Hingabe nicht mehr nur von einem einzigen Menschen zu erwarten.

Letty Cottin Pogrebin

Vor unserer Beziehung wurde uns gesagt, daß ein einzelner Mensch uns niemals alles geben kann, was wir brauchen. Jetzt, nach unserer Trennung, gilt das mehr denn je. Wir müssen sorgfältig darauf achten, von keinem Menschen – ob Freundin, Kind oder neuem Freund – zu erwarten, daß er uns die Liebe, den Trost und die Sicherheit gibt, nach der wir verlangen.

Wenn unsere Erwartungen gemäßigt sind, ist es auch viel weniger wahrscheinlich, daß wir verletzt oder enttäuscht werden. Meine beste Freundin ist häufig verfügbar, aber nicht immer. Es macht Spaß, mit meinem Kind zu knuddeln, aber ich kann – und darf – nicht von ihm erwarten, daß es mein Bedürfnis nach Zärtlichkeit befriedigt. Mein neuer Freund ist ein wunderbarer Kamerad, aber im Augenblick noch nicht bereit, langfristige Verpflichtungen einzugehen.

Realistische Erwartungen geben uns die Freiheit, alle Menschen in unserem Leben und ihre ganz persönliche Art und Weise, uns ihre Liebe zu schenken, schätzen zu lernen.

Ich habe viele Menschen, an die ich mich wenden kann.

Komödie = Tragödie + Zeit.

Carol Burnett

Unser Sinn für Humor ist eines der ersten Dinge, die wir in Krisenzeiten verlieren. Es ist schwer oder sogar unmöglich, etwas Komisches an dem, was in unserem Leben zur Zeit geschieht, zu erkennen.

Aber selbst die schlimmsten Augenblicke können uns rückblickend lustig erscheinen: das Familienfoto, aus dem wir sein Gesicht in einem Augenblick des Zorns ausgeschnitten haben; seine verrückte Tante Thelma, die anrief und die Hälfte unseres Porzellans zurückverlangte; die Flugtickets für die «zweiten Flitterwochen» nach Hawaii, die just an dem Tag ankamen, als der Scheidungsanwalt an unserer Tür klingelte.

Es hilft, zurückzublicken und zu lachen. Und es hilft, uns vor Augen zu führen, wie weit wir gekommen sind.

Eines Tages werde ich über vieles, das ich heute erlebe, lachen können.

Wie merkwürdig es ist, wenn eine Illusion stirbt. Als ob man ein Kind verloren hätte...

Judy Garland

So viele Illusionen sind im Laufe unserer Trennung gestorben: die Illusion, daß wir für immer glücklich zusammenleben würden; die Illusion, daß wir gemeinsam eine liebevolle Familie und ein fröhliches Heim schaffen würden; die Illusion, daß wir niemals allein bleiben würden, daß wir zusammen alt würden, Seite an Seite, in dem sicheren Wissen um Geborgenheit und Liebe.

Wir fahren fort zu trauern, während wir die Illusionen abstreifen, die uns einmal gestützt haben. Gleichzeitig machen wir den Weg frei, um eine neue Realität zu schaffen, mit ihren eigenen Hoffnungen und Träumen.

Ich schaffe Platz für neue Träume.

Es ist idiotisch, anzunehmen, daß eine Ehe, die endet, gescheitert ist.

Margaret Mead

Ich hatte schon immer etwas gegen den Begriff «gescheiterte Ehe». Er gibt uns das Gefühl, daß wir gescheitert sind, weil wir unsere Beziehung beendet haben.

Tatsächlich trifft eher das Gegenteil zu. Die Entscheidung, sich zu trennen, ist ein Zeichen geistiger Gesundheit; ein Beweis, daß wir uns der harten Wirklichkeit gestellt und etwas unternommen haben, um unser Leben zu verbessern.

Aber die Welt sieht es nicht so. Eine geschiedene Frau wird – ebenso wie eine Frau, die sich von ihrem Lebensgefährten getrennt hat – häufig wie jemand behandelt, den man bemitleiden muß, wie jemand, der es nicht geschafft hat. Aber Trennung hat nichts mit Scheitern zu tun, sondern vielmehr mit Erfolg. Revidieren Sie Ihr eigenes Bild, indem Sie sich den Mut ins Gedächtnis rufen, den Sie für diesen Schritt aufbringen mußten.

Meine Beziehung ist nicht gescheitert, sondern nur beendet.

Um glücklich zu sein, sollten Sie die Worte «wenn ich doch nur» aus Ihrem Wortschatz streichen und sie durch «das nächste Mal» ersetzen.

Smiley Blanton

Was für eine großartige Methode, um von Selbstzweifeln und Schuldgefühlen zu Selbstsicherheit und Hoffnung überzugehen!

Statt zu sagen: «Wenn ich nur erkannt hätte, wie schlecht es mir ging», sagen wir: «Das nächste Mal achte ich genau darauf, wie ich mich fühle.» Statt zu sagen: «Wenn ich ihn doch nur verlassen hätte, als er wieder zu trinken anfing», sagen wir: «Das nächste Mal bin ich mir meiner Koabhängigkeit bewußt.» Statt zu sagen: «Wenn ich doch nur häufiger für mich selbst eingetreten wäre», sagen wir: «Das nächste Mal werde ich mich stärker abgrenzen und mehr Selbstachtung aufbringen.»

Mit jedem «Wenn ich doch nur» stoßen wir uns selbst tiefer in den Morast aus Scham und Bedauern hinein. Aber mit jedem «Das nächste Mal» machen wir wieder einen Schritt in Richtung Glück und Kraft.

Ich lasse alle Selbstzweifel und Schuldgefühle hinter mir und blicke voller Optimismus in meine Zukunft.

Ich weiß nicht, wozu man mehr Mut braucht: einen lebenslangen Belastungstest zu überstehen, nur weil man einmal sein Versprechen gegeben hat, oder sich zu befreien und seine Welt zu zerstören.

Anne Tyler

Ich werde Ihnen sagen, was mehr Mut erfordert: die Sicherheit der Ehe oder Partnerschaft aufzugeben – wie schlimm sie auch sein mag – zugunsten des Chaos und der Unsicherheit, die aus dieser Befreiung resultieren.

Vor vielen Jahren wurde ich in einen heftigen Wortwechsel mit einem orthodoxen Rabbi verwikkelt. Er berichtete mir von einer Frau, die seit fünfzehn Jahren mit einem Mann verheiratet war, der sie mißhandelte. Sie wollte ihn verlassen. «Was soll ich tun?» fragte sie den Rabbi verzweifelt. «Geben Sie ihm noch weitere fünfzehn Jahre», antwortete dieser. «Geben Sie ihr eine Chance», antwortete ich ihm.

Während wir ganz bestimmt Anerkennung verdienen, weil wir jahrelang ausgehalten haben, ist doch letztendlich mehr Mut erforderlich, zu gehen als zu bleiben. Das Bekannte gegen das Unbekannte einzutauschen, ist eines der mutigsten Dinge, die wir jemals tun können.

Ich beglückwünsche mich selbst, weil ich die Kraft hatte, zu gehen.

Das Leben muß man selbst zusammenbasteln.

Phyllis Diller

Ziemlich deutliche Worte von einer der schärfsten Satirikerinnen unserer Zeit.

Sie hat recht. Wir wünschten, daß wir eine detaillierte Gebrauchsanleitung hätten oder eine Trennungs- und Scheidungs-Hotline, auf der man rund um die Uhr Expertenratschläge erhält. Aber statt dessen nehmen wir unseren Werkzeugkasten hervor, knien nieder und machen uns an die Arbeit, indem wir die Stücke unseres Lebens selbst wieder zusammensetzen.

Langsam und sorgfältig betrachten wir jedes Stück. Wir benutzen unsere Erfahrung und unseren gesunden Menschenverstand und versuchen herauszubekommen, was wir als nächstes tun müssen. Und wir üben uns in Geduld, machen immer nur einen Schritt auf einmal, während wir sorgfältig unser Leben wieder zusammenbasteln.

Ich finde heraus, was als nächstes zu tun ist, und gehe weiter.

... aber sicher muß man für alles, was man liebt, einen Preis bezahlen.

Agatha Christie

Wir berechnen die Kosten unserer Partnerschaft: hart verdientes Geld, das wir für Möbel, für Familienferien, für Therapiestunden – um das, was von unserer Beziehung übrig war, zu retten – ausgegeben haben. Wir haben große Summen emotionaler Energie ausgegeben und sind nun erschöpft, fühlen uns ausgezehrt und fragen uns, wie wir uns dermaßen verausgaben konnten.

Es handelt sich um einige der besten Jahre unseres Lebens, die wir in eine Zukunft investiert haben, welche niemals realisiert werden wird.

War es das wert? Das kann uns nur die Zeit sagen. Im Augenblick können wir nur darauf vertrauen, daß wir schließlich für den hohen Preis, den wir mit unserer Brieftasche, unserer Zeit, unserem Herzen bezahlt haben, einen Ausgleich bekommen.

Mit der Zeit werde ich ein klareres Bild von den tatsächlichen Kosten und Erträgen meiner Beziehung haben.

Kluge Frauen wissen: *Wenn man nach einer Scheidung nicht vorsichtig ist, landet man plötzlich mit dem falschen Mann im Bett, weil man nicht weiß, wie man nein sagt...*

Steven Carter, Julia Sokol

Mit dem falschen Mann im Bett zu landen, passiert vielen von uns, trotz unseres Bestrebens, uns selbst zu beschützen und uns selbst Zeit zu geben.

Also warum sagen wir «ja», wenn wir «nein» meinen? Wir sagen «ja», um unsere Einsamkeit zu lindern und die Zuneigung und Wärme zu bekommen, nach der wir uns sehnen. Wir sagen «ja», weil wir aus der Übung und mit den Regeln nicht mehr so richtig vertraut sind. Und wir sagen «ja», weil wir uns so sehr wünschen, geliebt zu werden.

Wenn wir mit dem falschen Mann im Bett landen, dann ist das kein Grund für Schuldgefühle oder Panik; es ist einfach nur ein Signal, daß wir andere Möglichkeiten finden müssen, um uns und unsere Gefühle mit mehr Respekt vor uns selbst zum Ausdruck zu bringen: Umarmungen von Freunden, Kuscheln mit unseren Kindern, eine Körpermassage, all das sind gesunde Möglichkeiten, um körperliche Wärme zu geben und zu empfangen, bis wir bereit sind, «ja» zu sagen, und zwar zum richtigen Zeitpunkt zum richtigen Menschen und aus den richtigen Gründen.

Ich bin stark genug, um «nein» zu sagen.

«Wenn guten Menschen Böses widerfährt»

Rabbi Harold Kushner

Dieses inspirierende Buch schrieb Rabbi Kushner, nachdem sein dreizehnjähriger Sohn Noah an Krebs gestorben war. Das Buch spricht zu jedem von uns, der sich schon einmal die quälende Frage gestellt hat: «Warum passiert so etwas Schreckliches ausgerechnet mir? Habe ich irgend etwas getan? Ist es möglich, daß ich bestraft werde, weil ich ein schlechter Mensch bin?»

Kushner verneint dies, und zwar mit aller Deutlichkeit. Durch beständige Innenschau ist er zu dem Schluß gekommen, daß das Leben von zufälligen Ereignissen bestimmt wird, die wir weder beeinflussen noch verhindern können. Ihm wurde klar, daß der Tod seines Sohnes genausowenig sein Fehler war wie das Schicksal eines Farmers, der gegen die Dürre ankämpft, oder wie der Schmerz einer Frau, die eine notwendige Trennung durchlebt.

Und ihm wurde klar, daß wir, «wenn guten Menschen Böses widerfährt», die Schuld nicht bei uns selbst suchen, sondern an den Tragödien, die uns passieren, wachsen sollen, um durch sie stärkere, klügere und reifere Menschen zu werden.

Ich bin ein guter Mensch, der eine schwere Zeit durchlebt.

Ich habe lieber Blumen auf dem Tisch als Juwelen um den Hals.

Emma Goldman

Am Tag, an dem mein Exmann Gary auszog, war das erste, was ich tat, in den Blumenladen zu fahren und einen großen Strauß leuchtendgelber Tulpen zu kaufen, die ich in einer schönen Vase neben mein Bett stellte.

Genau an diesem Tag gab ich mir selbst das Versprechen, immer Blumen in meinem Zimmer zu haben. Manchmal vergesse ich das. Manchmal habe ich nur einen zerrupften Strauß aus Gänseblümchen und Löwenzahn aus meinem Vorgarten. Und gelegentlich schwelge ich in einem frischen Blumenbouquet, ein herrliches Geschenk an mich selbst, das den Raum, in dem ich lebe, heller macht und ihm Schönheit und Wärme verleiht.

Ich werde mich mit schönen Dingen umgeben.

Wie man allein ausgeht (und sich prächtig amüsiert).

SARK

Es ist schon komisch: Solange wir verheiratet sind oder zusammenleben, ist allein auszugehen – ins Kino, zum Einkaufsbummel oder nur in den Supermarkt – eine Freude und ein Vergnügen. Wenn wir aber erst einmal geschieden sind, graut es uns davor, uns allein hinauszuwagen.

Es ist ganz natürlich, daß wir nervös sind, besonders die ersten paar Male, wenn wir allein irgendwo hingehen. Aber mit der Zeit wird es leichter und vergnüglicher. Wir entdecken, wie sehr wir unsere eigene Gesellschaft genießen, wie viele interessante Menschen wir treffen, wie viele Abenteuer nur darauf warten, von uns bestanden zu werden.

Und so fangen Sie am besten an: Verabreden Sie sich mit sich selbst, bestimmen Sie die Zeit und den Ort und genießen Sie es in vollen Zügen!

Ich freue mich darauf, allein auszugehen.

Ich brauche keinen Mann, um meine Existenz zu rechtfertigen.

Shirley MacLaine

Die meisten von uns brauchen keinen Mann, der ihrem Leben einen Sinn gibt. Aber wie auch immer, die Trennung gibt uns allen einen weiteren Stoß in Richtung Unabhängigkeit und Autonomie.

Wir entdecken, daß wir uns allein ganz gut fühlen. Vielleicht vermissen wir die Gesellschaft, die Zuneigung, die Sicherheit und die Verpflichtungen, die wir mit unserem Partner teilten. Aber wir sind ohne diese Dinge nicht vollkommen am Boden zerstört. Vielleicht werden wir eines Tages, wenn wir wieder dazu bereit sind, erneut einen Mann an unserer Seite haben. Nicht als Garantie für unser Glück, sondern eher als willkommene Beigabe zu unserem bereits reichen und erfüllten Leben.

Ich empfinde mich als vollständig, ob mit oder ohne Mann.

Wie bitter sind der Trennung Leiden!

Wolfgang Amadeus Mozart, *Die Zauberflöte*

An manchen Tagen – und vor allem in manchen Nächten – scheint der Schmerz uns in ein tiefes, schwarzes Loch hinabzuziehen. Einige von uns versuchen, ihren Schmerz zu betäuben: durch Alkohol, durch Drogen, durch andere Suchtmittel. Vorsicht! Wenn Sie glauben, Ihren Schmerz ohne Alkohol nicht mehr ertragen zu können, sind Sie auf dem besten Weg, ein Suchtproblem zu entwickeln. Suchen Sie sich Hilfe. Bitten Sie eine gute Freundin um Unterstützung, suchen Sie sich einen Therapeuten oder eine Selbsthilfegruppe in Ihrer Nähe, die Ihnen dabei hilft, Ihren Schmerz zu verarbeiten und die Phase der Trennung auch ohne Alkohol oder Drogen zu überstehen.

Ich werde die richtige Hilfe in Anspruch nehmen, um meinen Schmerz zu überwinden.

JUNI

Ich lehnte eine Verabredung ab, weil ich nach jemandem suchte, der der Spitze der Nahrungskette näher war.

Judy Tenuta

Mein erstes Rendezvous nach der Scheidung dauerte genau drei Minuten: Er klingelte an der Tür, ich sagte «Hallo», bekam plötzlich eine ganz fürchterliche Migräne und zog mich ins Bett zurück. Zwei Monate später ging ich mal kurz nach nebenan zu meiner Freundin Martha, traf dort ihren Bruder Joey, verliebte mich und heiratete ihn!

Wir müssen uns bemühen, auszugehen und unsere Chancen zu ergreifen; nur so werden wir mögliche Partner treffen können. Besonders risikoreich sind hierbei sogenannte «Blind Dates». Manchmal werden wir angenehm überrascht, ein andermal brauchen wir nur einen Blick auf ihn zu werfen und möchten am liebsten die Flucht ergreifen. Und die ganze Zeit über fragen wir uns, wie wir so dumm sein konnten, unseren Partner zu verlassen, der uns plötzlich wie ein Prinz vorkommt!

Natürlich war er das nicht, nicht wirklich, sonst wären wir ja schließlich noch mit ihm zusammen. In der Zwischenzeit müssen wir bereit sein, gelegentlich auch mal einen Frosch zu küssen. Wer weiß? Vielleicht entpuppt er sich ja genau als der Mann, nach dem wir gesucht haben.

Ich bin offen, um mich zu verlieben.

Lucy: Glaubst du, daß ein Mensch sich wirklich ändern kann?
Linus: Ich habe mich im letzten Jahr ziemlich verändert.
Lucy: Ich meine, zum Besseren!

Charles Schulz

Es wird häufig behauptet, daß Menschen sich nicht wirklich verändern. Ich hingegen glaube, daß man sich besonders in Krisen- und Übergangszeiten ständig weiterentwickelt.

Nehmen Sie sich einen Augenblick lang Zeit, um darüber nachzudenken, wie Sie sich im vergangenen Jahr verändert haben. Sind Sie stärker geworden? Unabhängiger? Selbstbewußter? Bereiter, neue und andere Dinge auszuprobieren? Sind Sie mit Ihrer Traurigkeit stärker in Berührung gekommen? Mit Ihren Ängsten? Ihrem Bedürfnis nach Unterstützung und Sicherheit? Leben Sie jetzt gesünder? Treiben Sie Sport? Ernähren Sie sich vernünftig? Sorgen Sie besser für sich selbst?

Nehmen Sie sich einen Augenblick lang Zeit, um drei Dinge aufzuschreiben, die sich nach der Trennung bei Ihnen zum Positiven verändert haben.

Gerade jetzt bin ich besonders entwicklungsfähig.

Fünfundzwanzig Jahre lang mußte ich das verlernen, was ich in den vorausgegangenen fünfundzwanzig Jahren gelernt hatte.

Lynn Sharon Schwartz

Eine Trennung ist eine hervorragende Lehrmeisterin. Wir blicken zurück und erkennen, warum unser ausprobierter und für gut befundener Modus operandi unproduktiv, selbstzerstörerisch oder einfach nur nicht nützlich für uns war. Und während wir alte Handlungsmuster «verlernen», ersetzen wir sie durch neue, gesündere Formen des Umgangs miteinander: Wir werden immer selbstbewußter. Wir verbessern unsere Kommunikationsfähigkeit. Wir lernen, innerhalb einer Beziehung zu geben und zu nehmen, wir setzen Grenzen, die es uns erlauben, zu geben ohne uns selbst aufzugeben.

Wieder in die «Schule» zu gehen – verlernen und neu lernen –, ist schwere Arbeit. Sie erfordert Zeit, Anstrengung und vor allem einen Geist, der für alles offen ist.

Es gibt noch einige Lektionen, die ich lernen muß.

Ich glaube an die Ehe, schließlich habe ich es schon dreimal ausprobiert.

Joan Collins

Ich auch! Jetzt, da ich kurz davor stehe, zum dritten Mal «Ja, ich will» zu sagen, bin ich schon mehr als einmal gefragt worden: «Bist du verrückt? Nach allem, was du durchgemacht hast, wie kannst du immer noch daran glauben, glücklich bis ans Ende deiner Tage mit jemandem zusammenzuleben?»

Vielleicht bin ich ja eine unverbesserliche Optimistin, aber ich glaube gerade wegen – und nicht trotz – meiner bisherigen Ehen daran, daß diese Form des Zusammenlebens am ehesten eine erfüllte Beziehung garantiert.

Tatsache ist, daß es keine Rolle spielt, wieviel Kraft notwendig war, um die Ehe zu beenden, es gab eine Zeit – vielleicht sogar Jahre –, in der wir an die Heiligkeit der Ehe glaubten. Unser Schmerz muß uns nicht zu zynischen und verbitterten Menschen machen. Eines Tages sagen wir vielleicht wieder: «Ja, ich will.» Und wenn wir das tun, meinen wir es vielleicht wieder von ganzem Herzen.

Ich glaube nach wie vor an die Ehe.

Und folgendes passiert, wenn Sie auf einen anderen Menschen wütend sind: Sie machen ihn zu einem Teil Ihres Lebens.

Garrison Keillor

Unser bleibender Zorn bindet uns fest an unseren Ex. Solange wir in unserem Kopf weiter mit ihm streiten, ist er unserem Herzen nahe. Solange wir ihm die Schuld geben, verleihen wir ihm Macht über unser Glück. Solange wir uns darauf konzentrieren, wie verletzt und enttäuscht wir sind, bleiben wir in der Vergangenheit stecken und sind unfähig, voranzuschreiten.

Und so erkennen wir, ob unser Zorn uns weiterhin mit ihm verbindet: 1. Wenn wir mehr als einmal am Tag an ihn denken. 2. Wenn wir immer wieder versuchen, mit ihm über unsere Beziehung zu reden – persönlich oder nur in unserer Vorstellung. 3. Wenn der Gedanke, ihm zu vergeben, uns unfair oder unmöglich vorkommt.

Tatsächlich müssen wir unseren Zorn loslassen, um ihn aus unserem Leben zu entfernen. Wir tun es zu unserem eigenen Wohl, um Platz für Glück und Freude zu schaffen.

Er ist es nicht wert.

Ein Ideal ist das Bild des besseren Ich eines Mannes.

Louis Binstock

Jetzt ist genau der richtige Zeitpunkt, um ein neues Bild von uns selbst zu entwerfen. Dabei sollten wir uns keine unerreichbaren Ziele stecken. Betrachten wir es als ersten Schritt auf das zu, was wir zu verwirklichen in der Lage sind.

Wenn Sie das Porträt der Frau malen könnten, die Sie sein wollen, wie würde sie dann aussehen? Welchen Gesichtsausdruck würde sie haben? Welche Eigenschaften hätte sie? Was würde sie ausstrahlen?

Wenn es Ihnen schwerfällt, ein Bild zu schaffen, denken Sie an andere Frauen, die Sie bewundern und respektieren. Oder denken Sie an die Zeiten, in denen Sie voller Selbstvertrauen waren und sich schön fühlten, und beginnen Sie dort.

Ich mache mir ein neues Bild von mir selbst.

Diejenige, die schon aus der Tür herausgetreten ist, hat schon eine gute Strecke des Weges hinter sich.

Holländisches Sprichwort

Manchmal erscheint uns die Straße, die vor uns liegt, lang und gefährlich. Aber wenn wir zurückblicken, dorthin, woher wir kamen, ist es wichtig, zu erkennen, wie weit wir schon gekommen sind.

Denken Sie zurück an die Wochen, Monate, vielleicht sogar Jahre, die Sie brauchten, um zu der überwältigenden Entscheidung zu gelangen, sich scheiden zu lassen. Denken Sie daran, wieviel Mut und Selbstvertrauen Sie brauchten, um durch diese Tür zu gehen. Sie haben den schwierigsten Schritt bereits hinter sich; nun müssen Sie nur noch überzeugt und risikofreudig voranschreiten.

Neue Türen liegen vor Ihnen. Aber auf vielerlei Weise haben Sie den schwierigsten Teil der Reise bereits hinter sich.

Ich sehe, wie weit ich schon gekommen bin.

Meine gelassene Fassade sollte Sie nicht zum Narren halten.

Madonna

Es hilft, wenn man hört, daß Madonna – der Inbegriff des Selbstvertrauens – trotz ihres provozierenden Verhaltens zugibt, in ihrem Innern unsicher zu sein. Wir alle fühlen uns von Zeit zu Zeit wie ein verängstigtes kleines Mädchen. Dann brauchen wir Freunde, denen wir vertrauen und bei denen wir unsere Maske abnehmen und Trost finden können. Wir brauchen fähige Ratgeber, die uns unsere Fassade fortreißen und dabei helfen können, uns unseren Ängsten zu stellen. Und am wichtigsten ist es, daß wir aufhören, uns selbst zum Narren zu halten. Wir müssen zu unserer Verletzlichkeit stehen und akzeptieren, daß unter unserer rauhen Schale ein verletzlicher Kern liegt.

Ich brauche nicht so zu tun, als ob alles in Ordnung wäre.

Ich bedaure die ganze Geschichte keineswegs. Das einzige, was ich bedaure, ist, daß ich nicht angehalten habe, um ein Baby zu bekommen.

Stevie Nicks

Trotz ihres Ruhms und ihres Glücks wünschte sich der Rockstar Stevie Nicks, daß sie irgendwo auf ihrem Weg angehalten hätte, um ein Kind zu bekommen.

Einige von uns teilen ihr Bedauern. Vielleicht haben wir gewartet, bis wir Karriere gemacht hatten, bis wir ein finanzielles Polster hatten oder bis unsere Beziehung sich verbessert hatte, um jetzt festzustellen, daß wir etwas ausgelassen haben, das wir uns mehr wünschen als alles andere auf der Welt – die Mutterschaft.

Es ist nicht zu spät. Wenn Sie nicht schon über fünfundvierzig sind (und das «sichere» Empfängnisalter geht immer weiter in die Höhe), wenn Sie sich wirklich, wirklich ein Kind wünschen, dann sollten Sie sich von Ihrer Trennung nicht aufhalten lassen. Vielleicht ist das jetzt nicht gerade die ideale Familienkonstellation, aber es gibt viele alleinstehende Frauen, die Mütter werden und die sagen, daß es die beste Entscheidung war, die sie jemals getroffen haben.

Eine Beziehung ist keine Voraussetzung, um Mutter zu werden.

Man glaubt, daß der eigene Schmerz und das eigene Herzeleid alles übertrifft, was in der Geschichte der Welt jemals vorgekommen ist, aber dann liest man…

James Baldwin

…von all den Menschen, die Ähnliches durchgemacht haben, in Geschichten oder im richtigen Leben.

Lesen hilft wirklich! Sie wissen ja: «Geteiltes Leid ist halbes Leid.» Dies trifft auch zu, wenn Sie Ihr Leid mit einer fiktiven Figur teilen, deren Geschichte Sie zu Tränen rührt. Denn wie James Baldwin weiter sagt: «Die Bücher haben mich gelehrt, daß das, was mich am meisten quälte, das gleiche war, was mich mit allen Menschen verband, die leben oder jemals gelebt haben.»

Was sind Ihre Vorbilder? Ihre Heldinnen in Romanen und Erzählungen? Auf welche Weise lassen Sie sich von ihnen inspirieren?

Geteiltes Leid ist halbes Leid.

Vervollständigen Sie diesen Satz: «Ich fühle mich immer noch schuldig, weil...»
Melba Colgrove, Harold H. Bloomfield, Peter McWilliams

«...ich keine Lust hatte, mit ihm Golf zu spielen.» «Weil ich fast nie mit ihm schlafen wollte.» «Weil ich mich in jemand anderen verliebt habe.» «Weil ich meinen Kindern weh getan habe, als ich ihn verließ.»

Wir alle haben unser eigenes Sündenregister. Nehmen Sie ein Blatt Papier und listen Sie alles auf, was Ihnen immer noch Schuldgefühle bereitet, besonders die Dinge, die Ihnen peinlich sind, besonders solche Dinge, von denen Sie glauben, daß sie dazu beigetragen haben oder vielleicht sogar der Grund waren, daß Ihre Beziehung zu Ende ging.

Als nächstes gehen Sie jeden Punkt auf Ihrer Liste durch, nur diesmal benutzen Sie die Worte: «Ich vergebe mir selbst für...» Wir entdecken, daß wir unsere Schuldgefühle selbst geschaffen haben. Und wir sind die einzigen, die uns vergeben können.

Ich vergebe mir selbst.

Die Erziehung eines Mannes oder einer Frau zeigt sich darin, wie sie sich im Streit verhalten.

George Bernard Shaw

In den letzten Tagen unserer Partnerschaft waren wir vielleicht schockiert darüber, daß wir unseren Partner beschimpften und wie wenig wir uns selbst unter Kontrolle hatten. Wir können noch so stolz auf unsere gute Erziehung sein, die guten Manieren sind sofort verflogen, wenn wir wütend oder verletzt sind.

Und vielleicht dauert der Streit ja noch an. Vielleicht haben wir noch immer die Gelegenheit zu Ausbrüchen und Wutanfällen, bei denen wir feststellen, daß wir unser Niveau verlieren.

Aber egal, wie er reagiert, wir können vernünftig, wohlerzogen, ja sogar freundlich bleiben. Selbstbeherrschung lohnt sich. Wir bekommen eher, was wir wollen, und wir fühlen uns besser, weil wir gleichmütig bleiben können.

Ich werde mich so verhalten, daß ich darauf stolz sein kann.

Ich wollte nicht allein sein.

Hedy Lamarr

Ein schlechter Grund, um einmal zu heiraten, geschweige denn dreizehn Mal!

Dies gilt um so mehr, wenn wir mit jemandem weiterhin zusammenleben oder mit ihm verheiratet bleiben, bei dem wir nicht länger unseren Frieden und unsere Erfüllung finden.

Wenn wir eines gelernt haben, dann, daß eine intime Beziehung, die nicht mehr funktioniert, Einsamkeit nicht beheben kann. Während unsere Beziehung sich verschlechterte, spürten wir den immer stärker werdenden Schmerz der Einsamkeit. Jetzt, da wir allein sind, fühlen wir uns zeitweise sogar viel weniger isoliert.

Sollten wir jemals wieder heiraten oder uns an jemanden binden, dann in dem Bewußtsein, daß das einzige Heilmittel gegen die Einsamkeit darin besteht, zu lernen, mit sich selbst zu leben und in Einklang zu sein. Wenn wir wirklich mit uns selbst zusammensein wollen, dann sind wir wahrhaft bereit, einen anderen Menschen in unser Leben zu lassen.

Ich kann allein sein, ohne mich einsam zu fühlen.

Nachdem ich jahrelang andere Leute bei ihren persönlichen Problemen beraten hatte, wurde ich von meiner eigenen Scheidung völlig überrascht. Ich wünschte mir nur, auch jemanden zu haben, den ich um Hilfe hätte bitten können.

Ann Landers

Ein paar Tage, nachdem meine Scheidung endgültig war, flog ich nach Chicago, um dort anläßlich des Erscheinens meines neuen Buches über die Lösung von Eheproblemen in einer Talkshow aufzutreten. Mir entging die Ironie keineswegs, daß ausgerechnet *ich* Millionen von Frauen sagen wollte, wie sie ihre Ehe verbessern konnten.

Wenn Sie eine «Expertin» sind, dann ist das keine Versicherung gegen Schmerz und Verwirrung; im Gegenteil, Experten sind meistens nur deshalb Experten, weil sie etwas durchlebt haben, worüber sie jetzt bereit sind, mit anderen zu reden. Mit anderen Worten: Wir lehren, was wir lernen.

Was ich dabei gelernt habe, ist, daß es unerläßlich ist, über die eigenen inneren Kämpfe ehrlich zu berichten. Je weniger ich vorgebe, die Antworten bereits zu kennen, um so mehr bekomme ich durch die Erfahrungen und den Rat anderer Frauen zurück.

Ich denke, das gilt für jede von uns.

Wir alle sind unsere gegenseitigen Lehrer.

Bettwäsche ist mir sehr wichtig! Das Genießen guter Bettwäsche!

Carly Simon

Wenn Sie sich nach Ihrer Trennung ein Geschenk machen wollen, dann kaufen Sie sich Bettwäsche. Schimmernde Wäsche aus Satin. Blaue Flanellwäsche, die mit weißen Schafen übersät ist. Frische Baumwollwäsche in leuchtenden Farben, mit Streifen oder in Pastelltönen. Es ist nicht wirklich von Bedeutung, wie sie aussieht, solange sie neu ist.

Wenn Sie ins Bett kriechen, achten Sie darauf, wie die Wäsche raschelt und Sie umhüllt. Wenn Sie Ihren Körper über die ganze Breite des Bettes ausstrecken, genießen Sie den Luxus der nagelneuen Wäsche, die Sie ausgewählt haben, damit sie Sie zudeckt und tröstet.

Neue Bettwäsche ist kein Luxus, sondern eine Notwendigkeit.

Die Liebe gibt uns eine Handvoll Karten und sagt: «Hier, jetzt sieh zu, was du damit machst.»

Dorothy Hopper

Jeder, der schon mal eine schlechte Partie Karten gespielt hat, weiß, daß jemand, der schlechte Karten bekommt, diese nicht gleich auf den Tisch wirft und schreit: «Schlechte Karten, ich steige aus!» Man betrachtet sie sorgfältig, ordnet sie, so gut es geht, und hofft darauf, daß die nächste Karte, die man zieht, das Blatt zu unseren Gunsten wenden wird.

Dasselbe gilt für das Leben. Gerade jetzt glauben wir vielleicht, daß wir besonders üble Karten haben. Aber das Handtuch zu werfen ist keine Lösung. Unsere Aufgabe ist es nun, aus den Karten, die wir haben, das Beste zu machen und uns bewußt zu sein, daß die nächste Karte, die wir ziehen, uns vielleicht zu Gewinnern macht.

Ich gebe nicht auf.

Wir sind noch immer eine Familie, nur eine andere Art von Familie.

Zoe Stern

Nachdem meine Tochter Zoe mir ihre Reaktion auf meine Scheidung von ihrem Vater und die Art und Weise, was sie dabei empfand, geschildert hatte, kam sie trotz aller Enttäuschung letztlich zu dem Schluß, daß wir noch immer eine Familie sind, und dafür werde ich ihr ewig dankbar sein.

Eine Familie zu bleiben, wenn auch eine «andere» Art von Familie, ist schrecklich wichtig für Scheidungskinder. Jeder von uns bestimmt das Maß, in dem wir die Ähnlichkeit mit einer «Familie» aufrechterhalten möchten. Einige Eltern fahren fort, Kindergeburtstage gemeinsam zu feiern. Manche bleiben verbunden, weil sie gemeinsam mit den Kindern eine Familientherapie besuchen oder gemeinsam bei Schulsprechstunden auftauchen. Und manche Eltern, die eine radikale Trennung anstreben, tun es, indem sie ihre Kinder jeden Tag aufs Neue daran erinnern:

Obwohl wir geschieden sind, lieben dein Vater und ich dich unverändert.

Die Zeit ist ein Trick der Natur, um zu verhindern, daß alles auf einmal passiert.

G.

Im Augenblick sind wir aufgewühlt und stehen unter dem Druck, unser Leben wieder in den Griff bekommen zu müssen. Aber wenn wir zurückblicken, erkennen wir, daß wir unserem angeborenen Sinn für gutes Timing trauen können.

Unser Gefühl für den richtigen Zeitpunkt sagt uns, wann wir uns der nächsten Aufgabe stellen müssen. Als wir bereit waren, uns von unserem Partner zu trennen, trennten wir uns von ihm. Als wir bereit waren, auszuziehen (oder ihn darum zu bitten), taten wir das. Als wir bereit waren, um Hilfe zu bitten, baten wir um Hilfe.

Wir müssen uns nicht sofort erholen. Wir haben genug Zeit, um jeden einzelnen Schritt erst dann zu tun, wenn wir dazu bereit sind, und nicht einen Augenblick früher.

Es besteht kein Grund zur Eile.

Never say never...

Gloria Swanson

Sag niemals nie – welch weiser Rat. Wenn wir mitten in einer Krise stecken, neigen wir zu Überreaktionen. «Ich werde mich niemals mehr verlieben!» «Ich kann nie wieder jemandem vertrauen!» «Ich werde mich nie wieder an jemanden binden!»

«Niemals» ist das Wort, das unser Herz benutzt, um uns vor Schmerzen zu schützen. Was wir wirklich meinen, ist: «Ich habe Angst, mich zu verlieben.» «Ich bin zu verletzlich, um jemandem zu vertrauen.» «Ich bin zu mißtrauisch, um mich wieder an jemanden zu binden.»

Natürlich stimmt das, was aber nicht bedeutet, daß wir niemals wieder einen anderen Menschen lieben, ihm vertrauen oder uns an ihn binden werden. So fühlen wir uns heute. Vielleicht fühlen wir uns morgen auch noch so. Aber keineswegs für immer.

Ich sage niemals nie.

«Ich liebe dich» kann man nicht häufig genug sagen.

Lenny Bruce

Ich liebe Überraschungen. Und dieses Zitat des Komödianten Lenny Bruce, der allseits für seinen scharfen Witz, seine schlüpfrige Sprache und seinen Zynismus bekannt ist, traf mich unvermittelt, weil es so einfach und doch so weise ist.

Er sagt damit etwas sehr Wichtiges: Vielleicht bedauern wir trotz unserer Wut und unserer Wunden, daß wir nicht oft genug «Ich liebe dich» gesagt haben. Unser Zorn ist uns vielleicht manchmal näher als unsere Zuneigung, aber beide verdienen es, zum Ausdruck gebracht zu werden.

Tun Sie es jetzt. Sagen Sie es ihm persönlich. In einem Brief. Am Telefon. Sagen Sie ihm, wie sehr Sie ihn geliebt haben und/oder ihn immer noch lieben. Sagen Sie es dem Menschen, von dem Sie einmal glaubten, daß Sie mit ihm Ihr Leben teilen wollten.

Vielleicht bin ich jetzt wütend auf ihn, aber ich habe ihn einmal geliebt.

Schließen Sie ein trauriges Auge. Schließen Sie das andere traurige Auge. Jetzt können Sie sehen.

Yehuda Amicha

Ich habe es ausprobiert, es funktioniert!

Sie sind dran. Schließen Sie ein Auge. Jetzt das andere. Und jetzt konzentrieren Sie sich mit geschlossenen Augen auf die Geräusche um Sie herum. Was hören Sie? Das Zwitschern der Vögel? Das Rauschen des Windes? Schwache Musik im Hintergrund?

Halten Sie Ihre Augen weiterhin geschlossen. Achten Sie auf Ihren Körper, auf seine Empfindungen. Was fühlen Sie? Wie die Kraft durch Ihre Adern fließt? Spüren Sie den regelmäßigen Schlag Ihres Herzens? Verspüren Sie den Drang, zu laufen? Zu rennen? Zu fliegen?

Halten Sie Ihre Augen weiterhin geschlossen. Blikken Sie in sich hinein. Was sehen Sie? Einen leuchtenden Regenbogen? Einen gewundenen Pfad? Das Meer, das Sie ruft?

Mit offenen Augen ist unser Blick auf das Hier und das Jetzt beschränkt. Wenn wir unsere Augen schließen, richtet sich unser Blick auf die Unendlichkeit.

Ich öffne meine Augen und mein Herz für alles.

Irgendeine namenlose, unbeschreibliche Angst und Furcht hält mich in Bewegung.

Anaïs Nin

Wir sind ständig in Bewegung. Wir rennen zur Arbeit, wo wir unermüdlich arbeiten, ins Fitness-Studio, wo wir wie besessen Sport treiben, ins Einkaufszentrum, wo wir einkaufen bis zum Umfallen.

Wir sind ständig auf Trab in dem verzweifelten Versuch, unserem Gefühl, daß in unserem Rücken Gefahr lauert, davonzulaufen. Erst dann, wenn wir zu laufen aufhören, lassen auch unsere Ängste nach. Wir beruhigen unsere Furcht, indem wir ruhiger werden und unseren Gefühlen freien Lauf lassen. Wir lassen die Furcht los, indem wir langsamer werden. Wir atmen tief ein und aus und sagen uns immer wieder:

Es gibt nichts, vor dem ich davonlaufen müßte.

Aber ich muß einfach wissen, warum er mich verlassen hat.
Dahlia B.

Dahlia, deren Mann nach sechzehnjähriger Ehe die Scheidung eingereicht hatte, suchte bei mir Rat. Sie litt Höllenqualen. Sie war ein paar Tage nicht zur Arbeit gegangen und konnte fast nichts essen und nicht mehr schlafen.

«Was könnte Ihnen dabei helfen, Ihren Frieden und Ihren Lebensmut wiederzufinden?» fragte ich sie. «Ich muß seine Gründe wissen», antwortete Dahlia. «Wenn Bruce mir nur sagen könnte, warum er mich verlassen hat, warum er aufgehört hat, mich zu lieben, würde ich mich besser fühlen.»

«Es gibt keinen genauen Grund», sagte ich zu ihr. «Und wenn es einen Grund gäbe, dann würde er Ihnen trotzdem nicht Ihren Schmerz nehmen.»

Natürlich wollen wir alle wissen, warum etwas geschieht. Als ob ein logischer Grund uns unsere Ängste, unsere Zweifel und unseren Verlust nehmen könnte. Wir können nur akzeptieren, daß es ist, wie es ist, daß wir von diesem Punkt an neu beginnen müssen, daß wir uns nicht fragen sollten, warum es geschehen ist, sondern vielmehr wie wir jetzt weitermachen und uns ein neues Leben aufbauen können.

Ich akzeptiere, daß es ist, wie es ist.

...man muß vorsichtig sein und eine Straße nicht nur deshalb entlanggehen, weil man es vorhatte.

Katharine Hepburn

Wir wollten wieder studieren, wenn unser jüngstes Kind auf die Uni geht. Wir hatten eine Reise in die USA geplant, um unseren zehnten Hochzeitstag zu feiern. Wir hatten vor, noch zehn Pfund abzunehmen, damit wir anziehender aussehen und er uns anziehender findet.

Jetzt ist es Zeit, all unsere Pläne zu überdenken, indem wir uns eine Frage stellen: Ist es immer noch das, was ich tun möchte, jetzt, in der Gegenwart?

Wenn dem nicht so ist, dann verwerfen Sie Ihre Pläne, egal wie sinnvoll sie Ihnen zur Zeit Ihrer Ehe erschienen. Wenn sie es immer noch wollen, dann lassen Sie sich durch nichts davon abhalten, mit vollem Elan auf Ihr Ziel loszusteuern, vielleicht sogar Ihren Zeitplan noch etwas zu straffen. Schreiben Sie sich an der Uni ein. Fordern Sie Reisekataloge an. Fangen Sie mit Ihrer Diät an. Tun Sie es für sich selbst.

Ich werde meine Pläne und Ziele für die Zukunft überdenken.

Meistens habe ich keinen Spaß. Und die restliche Zeit über habe ich überhaupt keinen Spaß.

Woody Allen

Wann hatten Sie das letzte Mal so richtig Ihren Spaß und haben laut gelacht? Wann waren Sie das letzte Mal so richtig aufgekratzt und gelöst? Wann haben Sie das letzte Mal gedacht: «Was macht das für einen Spaß! Warum tue ich das eigentlich nicht häufiger?»

Die meisten von uns hören nach einer Trennung oder Scheidung auf, ihren Spaß zu haben. Wir sind voller Sorgen und Niedergeschlagenheit. Wir haben keinen mehr, mit dem wir uns vergnügen können. Außerdem, wer hätte in Zeiten wie diesen schon Lust, sich mit uns zu amüsieren?

Sorgen Sie selbst dafür. Es ist leichter, als Sie glauben. Was macht Ihnen so richtig gute Laune? Wobei können Sie sich und Ihre Sorgen vollkommen vergessen? Gesellschaftstanz? Singen? Kartenspielen?

Na los! Vergnügen Sie sich. Geben Sie sich selbst folgendes Versprechen:

Diese Woche werde ich mich vergnügen.

Übermorgen ist der dritte Tag vom Rest Deines Lebens.

George Carlin

Eine nette Variante: «Heute ist der erste Tag vom Rest Deines Lebens.»

Ob man es nun direkt formuliert oder dem Ganzen eine komische Note gibt, der Spruch macht uns darauf aufmerksam, daß wir die großartige Möglichkeit haben, Entscheidungen zu treffen, besonders jetzt, da wir neu beginnen.

Heute ist wirklich der erste Tag vom Rest Ihres Lebens. Wie werden Sie ihn verbringen? Werden Sie mit einer Freundin spazierengehen oder die Gesellschaft Ihres Kindes genießen? Werden Sie heute Zeit damit verbringen, ein Gedicht zu schreiben? Einen Kuchen zu backen? Die Hand auszustrecken, um einem Fremden zu helfen? Werden Sie heute mit einem neuen Projekt beginnen? Mit einem neuen Hobby? Werden Sie heute beginnen, Ihr Leben anders zu sehen?

Wie werden Sie sich übermorgen fühlen, wenn Sie darauf zurückblicken, wie Sie den heutigen Tag verbracht haben?

Ich nutze jeden einzelnen Tag meines Lebens.

Behandle dich selbst mindestens so gut, wie du andere Menschen behandelst.

Theodore Rubin

Wann immer ich höre, daß eine Frau sich selbst unter Druck setzt, frage ich sie: Würden Sie so auch Ihre beste Freundin behandeln? Oder Ihr Kind? Oder Ihren Geliebten?

Grundsätzlich lautet die Antwort: «Nein. Natürlich nicht! Warum sollte ich jemanden so behandeln, den ich liebe?»

Doch uns selbst behandeln wir genau so. Wir sind unendlich mitfühlender anderen gegenüber, als wir es gegenüber uns selbst sind. Wir akzeptieren unsere Angehörigen, wie sie sind, doch wir sind ungeduldig, intolerant und unbarmherzig, wenn wir selbst zögern oder gar Mißerfolge haben.

Wir verdienen, uns mindestens genausoviel – wenn nicht mehr – zu geben, wie wir für andere übrig haben. Wir beginnen, indem wir zu uns selbst sagen:

Ich werde Verständnis für mich aufbringen und für mich sorgen.

Eine Scheidung ist wie die Amputation eines Beines. Man geht weiter, aber es ist nicht mehr dasselbe.

Anne Tyler

Amputierte beschreiben heftige Schmerzempfindungen, die von dem Ort ausgehen, wo früher ihr jetzt nicht mehr vorhandenes Körperteil war.

Auf ähnliche Weise erleben wir unsere Schmerzen beim Verlust unserer Liebe. Wir ertappen uns dabei, wie wir laut oder in Gedanken mit dem Geist unseres ehemaligen Partners streiten. Wir drehen uns schlafend im Bett um, wollen den Arm um ihn legen und umklammern statt dessen das Kissen, auf dem sonst sein Kopf lag.

Mit der Zeit wird das, was uns fehlt, zum Schatten, wird zunehmend machtloser und unfähiger, eine wirkliche Störung für uns darzustellen. Nach und nach spüren wir seine Anwesenheit immer weniger – und damit verschwindet auch der Schmerz langsam.

Ich bin mir meines Verlustes immer noch bewußt, aber der Schmerz wird vergehen.

In gewisser Weise heiratet jede von uns, um ihre eigenen Fehler auszugleichen.

Sheldon Kopp

Vielleicht haben wir uns scheiden lassen oder uns von unserem Partner getrennt, weil wir über unseren Partner hinausgewachsen sind. Vielleicht haben wir jung geheiratet, zu einer Zeit, als wir uns noch entwickelten und einen Partner brauchten, der unserem Leben einen Sinn gab. Vielleicht brauchten wir ja auch jemanden, auf den wir uns auf emotionaler und wirtschaftlicher Ebene verlassen konnten. Vielleicht haben unsere Stärken und Schwächen sich ja auch gegenseitig ergänzt.

Wir haben zwar unseren Partner nicht mehr nötig, werden jedoch niemals die Notwendigkeit abstreifen können, uns mit unseren «Kanten und Ecken» zu beschäftigen, jenen Elementen in unserem Leben, die besonderer Aufmerksamkeit bedürfen, an denen wir arbeiten müssen. Vorher haben wir vielleicht von unserem Partner verlangt, daß er die fehlenden Teile ergänzte. Jetzt müssen wir das von uns selbst verlangen.

Ich bin verantwortlich für mein eigenes persönliches Wachstum.

Wir feiern die Geburtstage unserer Trennung.

Robert Dana

Genau wie wir früher unseren ersten Hochzeitstag oder unseren Jahrestag gefeiert haben, sollten wir jetzt die Wochen und Monate, die nach unserer Trennung vergangen sind, registrieren und würdigen.

Wenn wir eine Woche hinter uns gebracht haben, erinnert uns das daran, daß wir die zweite Woche ebenfalls schaffen werden. Wenn wir den ersten Monat geschafft haben, dann heißt das, daß wir dreißig Tage überstanden haben – was für ein Wunder! Wenn wir ein Jahr hinter uns haben, dann erinnert uns das daran, daß wir vier Jahreszeiten durchlebt haben; nächstes Jahr um diese Zeit wird unser Leben in einem völlig anderen Licht dastehen.

Es gibt viele Möglichkeiten, diese symbolischen Wendepunkte in Ihrem Leben zu feiern: Zünden Sie eine Kerze an. Kaufen Sie sich selbst ein kleines Geschenk. Nehmen Sie sich Zeit, um sich darauf zu konzentrieren, daß Ihre Trauer nachläßt und Ihre Hoffnung zunimmt.

Ich will die Geburtstage meiner Trennung feiern.

JULI

Lassen Sie nie eine Gelegenheit aus, auf einer abgeschirmten Veranda ein Nickerchen zu machen.

Life's Little Instruction Book (Kleiner Ratgeber des Lebens)

Ich hatte mich entschlossen, in einem Hotel in den Bergen an einem Kurs für kreatives Schreiben teilzunehmen. Bevor ich die Stadt verließ, hielt ich an einer Buchhandlung an und kaufte mir ein Büchlein mit dem Titel *Life's Little Instruction Book* (Kleiner Ratgeber des Lebens).

Während der Fahrt begann ich, Schuldgefühle zu bekommen, weil ich die Kinder allein ließ, weil ich Geld ausgab und weil ich selbstsüchtig war. Ich erwog sogar, umzukehren. Aber nachdem ich angekommen war, zog ich mich auf die abgeschirmte Veranda zum Schreiben zurück und öffnete das Buch genau auf der Seite, wo dieses Zitat stand!

Es half mir, mich an eine wichtige Lektion zu erinnern, die ich immer wieder aufs Neue lernen muß: Es hat immer seinen Wert, wenn ich mir selbst etwas Gutes tue.

Als ich verheiratet war, hätte ich Dutzende von Gründen gefunden, warum ich nicht gehen konnte. Jetzt, da ich kurz davor stehe, mich wieder zu verheiraten, habe ich mir selbst versprochen, mich einmal im Monat zum Schreiben zurückzuziehen. Bevor ich das Hotel verlasse, reserviere ich das Zimmer für das nächste Mal.

Wenn ich mich vorübergehend von meinen täglichen Pflichten löse, hilft mir das, die Dinge wieder aus einem anderen Blickwinkel zu betrachten.

Wenn Du im Zweifel bist, tu's.

Oliver Wendell Holmes

Wir zögern, zaudern, finden endlos viele Gründe, um das zu umgehen, was uns angst macht. Wir lassen eine Beförderung sausen, weil wir Angst haben, den Aufgaben nicht gewachsen zu sein. Wir lehnen eine Einladung zum Abendessen von dem Mann, den wir bei einer Freundin kennengelernt haben, ab, weil wir unsere Zeit nicht verschwenden wollen. Wir sagen nein zu einer sich neu bildenden Selbsthilfegruppe für Frauen, ebenso zu der Gelegenheit, mit Freunden campen zu gehen, weil wir befürchten, uns dabei nicht zu amüsieren.

Es gibt keine Garantien, daß wir froh darüber sein werden, die Gelegenheit ergriffen zu haben. Andererseits können wir nur, wenn wir es tun, unsere Zweifel beseitigen und sicher wissen, daß wir die richtige Entscheidung treffen. Die eigentliche Frage lautet: Was habe ich zu verlieren?

Ich ergreife die Gelegenheiten, die sich mir bieten.

Hüten Sie sich davor, am Anfang zuviel zu unternehmen.

Arnold Bennett

Und das ist die Kehrseite der Medaille: Während es notwendig ist, Risiken auf sich zu nehmen und sein Glück zu versuchen, ist es auf der anderen Seite genauso wichtig, Vorsicht walten zu lassen. Besonders am Anfang, im frühen Stadium nach einer Scheidung oder Trennung, müssen wir uns sorgfältig und kritisch betrachten und uns genau überlegen, was wir im Augenblick auf uns nehmen können.

Hier sind die Warnsignale, die auftreten, wenn wir uns zuviel zumuten: 1. Wenn wir uns chronisch krank, müde und überfordert fühlen. 2. Wenn wir aufhören, für uns selbst zu sorgen. 3. Wenn wir mehr arbeiten und uns Sorgen machen, als daß wir uns vergnügen. 4. Wenn wir in Beziehungen mehr investieren, als sie uns zurückgeben.

Wenn eines oder mehr dieser Warnsignale rot aufleuchten, dann halten Sie inne und sagen Sie sich:

Ich werde neu überdenken, was und wieviel ich in diesem Augenblick auf mich nehmen kann.

Achtzig Prozent des Lebens bestehen einfach nur daraus, zu erscheinen.

Woody Allen

Manchmal haben wir einfach keine Lust, irgendwo hinzugehen. Wir fühlen uns entmutigt oder erschöpft. Wir können uns nicht für das Passende zum Anziehen entscheiden. Wir haben nicht die Energie, das Selbstvertrauen und die Freude, die notwendig sind, um dort zu erscheinen.

Und dann müssen wir trotzdem hingehen – zur Abschiedsparty unserer Kollegin, zu unserem Klassentreffen, zum Gottesdienst. Wenn wir uns einen Tritt geben, ein beliebiges Stück aus unserem Kleiderschrank tragen, die beste Einstellung, die uns momentan möglich ist, aufzubringen versuchen, dann sind wir hinterher meistens froh, daß wir uns die Mühe gemacht haben. Irgend jemand lächelt uns zu, macht uns ein Kompliment, streckt die Hand aus. Wir treffen eine alte Freundin, die wir seit Monaten nicht mehr gesehen haben. Wir ertappen uns dabei, wie wir lächeln, und sind froh, die Anstrengung auf uns genommen zu haben. Wir freuen uns auf das nächste Mal, bei dem es viel leichter sein wird, hinzugehen.

Unter Menschen zu gehen ist ein mutiger erster Schritt.

«Ich habe etwas gelernt.»
«Was?»
«Niemals mit jemandem zu verreisen, den man nicht liebt.»

Ernest Hemingway, *Paris – Ein Fest fürs Leben*

Wir erinnern uns an die wunderbaren Reisen, auf die wir uns gefreut haben, die wir zusammen geplant haben, für die wir gespart haben, die Freude, die wir miteinander teilten, wenn wir mit unserem Ex ferne Länder besuchten. Und wir erinnern uns an die Reisen, die nicht ganz so wunderbar waren, auf denen wir uns über alles gestritten haben, angefangen bei den Straßenkarten bis hin zu den Anweisungen für den Zimmerservice. Wir erinnern uns an Zeiten, in denen wir uns einen Ausweg wünschten, unentwegt und verzweifelt versuchten, die immer kleiner werdende Flamme der Leidenschaft und Liebe zwischen uns neu zu entfachen. Es ist unwichtig, wie unsere Erinnerungen ausfallen mögen, Reisen gewinnt nun, da wir allein sind, wieder an Bedeutung. Und jetzt ist der ideale Zeitpunkt, um eine Reise zu planen. Allein zu reisen ist ein richtiges Abenteuer: Wer weiß schon, wen wir treffen und welche neuen Welten wir entdecken werden?

Und es hebt unsere Stimmung, wenn wir – ob allein oder in Begleitung – Pläne für eine Reise schmieden.

Ich werde verreisen und neuen Orten und Menschen begegnen.

Es ist niemals zu spät – weder im Roman noch im Leben –, um Korrekturen anzubringen.

Nancy Thayer

Erfahrene Schriftsteller führen ihre Korrekturen nicht durch, indem sie alles durchstreichen und von neuem beginnen. Wir verändern oder entfernen sorgfältig das, was sich wiederholt, während wir dafür sorgen, das zu erhalten, was am aussagekräftigsten ist.

Das gleiche Prinzip gilt für die Korrekturen, die wir in unseren Beziehungen vornehmen. Wir gehen im Geiste den Verlauf unserer Beziehung durch, um zu überprüfen, welche Fehler wir in zukünftigen Partnerschaften oder Ehen vermeiden sollten.

Und wir registrieren, wo wir gut waren. Wir unterstreichen fett die Gelegenheiten, bei denen wir uns freundlich, großzügig und liebevoll verhalten haben. Wir verfeinern diese Eigenschaften und bauen auf unsere eigene Stärke, wenn wir unser nächstes, kunstvolleres Werk beginnen.

Ich erschaffe mein Leben ständig neu.

Aller Kummer kann ertragen werden, solange man ihn in eine Geschichte packt.

Isak Dinesen

Wir erzählen die Geschichte unserer Beziehung und unserer Trennung wieder und wieder, einer Freundin, einem Psychologen, dem Tagebuch oder in der Selbsthilfegruppe.

Jedesmal, wenn wir die Einzelheiten mit jemandem teilen – der Augenblick, in dem wir wußten, daß es vorbei war; der Augenblick, in dem wir die Worte herausbrachten und um die Scheidung baten; der Tag, an dem wir den Anwalt anriefen; der Abend, an dem wir es unseren Kindern erzählten –, wird unser Kummer ein bißchen leichter.

Wenn wir unsere Geschichte erzählen, beschleunigt das den Genesungsprozeß. Wenn wir von der Gegenwarts- zur Vergangenheitsform übergehen – «ich wußte», «ich spürte», «ich tat» –, verliert unser Schmerz an Kraft und an Intensität und wir wissen, daß wir in unserem Genesungsprozeß wieder einen Schritt weiter sind.

Ich werde meine Geschichte so oft erzählen, wie ich muß, um mich selbst zu heilen.

... die Erkenntnis, daß unsere Sicherheit nicht auf einem anderen Menschen beruht, ermutigt uns, die Sicherheit in uns selbst zu suchen.

Gail Sheehy

Der Gedanke, daß ein anderer Mensch für unsere Sicherheit verantwortlich ist, ist eine der zerstörerischsten Illusionen der Ehe. Wir reden uns ein, daß seine Worte «Ja, ich will» bedeuten, daß er uns unterstützen, auf uns aufpassen, uns retten und für uns sorgen wird, egal was passiert.

Wenn wir uns von unserem Partner trennen, müssen wir uns der Realität stellen und erkennen, daß keiner, egal wie sehr er an uns gebunden ist, uns alle Sicherheit geben kann. Wir sind selbst verantwortlich für unser Leben.

Wenn wir das verstehen, dann gibt uns alles, bei dem wir uns auf uns selbst verlassen können, Mut: Wir sind in der Lage, für unsere finanzielle Unabhängigkeit zu sorgen. Für unsere Sicherheit und unser Wohlbefinden. Für unser Glück, unsere Zufriedenheit und unseren inneren Frieden.

Ich ruhe sicher in mir selbst.

Manchmal ist eine Zigarre einfach nur eine Zigarre.

Sigmund Freud

Ich bin von den Vorzügen einer Therapie fest überzeugt, trotzdem möchte ich ein paar warnende Worte einfließen lassen: Es ist möglich, daß wir über das Ziel hinausschießen, wenn wir die verborgene Bedeutung dessen, was in unserem Leben passiert, zu ergründen versuchen. Es besteht die Gefahr, daß wir eine Therapie als Krücke benutzen, um Dinge in unserem Leben zu vermeiden, anstatt selbst zu handeln.

Und so erkennen Sie, ob Sie die Grenze von gesunder Analyse zur Abhängigkeit schon überschritten haben: 1. Wenn wir uns auf die Therapiesitzungen stärker freuen als auf die Arbeit oder ein Treffen mit unseren Freunden. 2. Wenn wir das Gefühl haben, ohne unseren Therapeuten nicht leben zu können. 3. Wenn wir uns wegen unserer Therapie in Schulden stürzen. 4. Wenn wir mehr als nur einen außerplanmäßigen Krisenanruf machen.

Wenn Sie sich davon überzeugen wollen, daß Sie nicht bis über beide Ohren im Schlamassel stecken, empfiehlt es sich, eine zweite Meinung zu hören. Fragen Sie eine Freundin, einen Geistlichen oder einen anderen Therapeuten um Rat.

Eine Therapie ist eine Möglichkeit – aber durchaus nicht die einzige –, um gesund zu werden.

Tausend Dinge schreiten voran, neunhundertneunund-neunzig machen einen Schritt zurück. Das ist Fortschritt.

Henri Frederic Amiel

Es ist wie in dem alten Mythos von Sisyphus; ein Schritt vor und zwei zurück, kein Wunder, daß wir das Gefühl haben, als ob wir einen Berg erklimmen, ohne jemals auch nur in die Nähe der Spitze zu gelangen.

Wir müssen uns auf unsere Fortschritte konzentrieren, auf die erkennbaren Schritte, die wir gemacht haben und immer noch machen.

Es ist leichter, unseren Fortschritt festzuhalten, wenn wir ihn in Beziehung zu dem Punkt setzen, an dem wir begonnen haben: Vor zwei Monaten haben wir uns jede einzelne Nacht in den Schlaf geweint, letzte Woche schliefen wir friedlich ein. Vor einem Monat haben wir dauernd Fehler bei der Arbeit gemacht, diese Woche erhielten wir ein Lob. Gestern konnten wir uns noch nicht vorstellen, jemals wieder eine Beziehung einzugehen, heute lächelten wir zurück, als der Mann im Supermarkt uns zuzwinkerte.

Ich komme voran.

Man muß daran glauben, daß Glück möglich ist, um glücklich zu sein.

Leo Tolstoi

Viele von uns sind nach einer Trennung desillusioniert. Obschon wir einmal idealistisch waren, stehen wir der Liebe jetzt wütend und zynisch gegenüber. Obschon wir einmal hohe Ziele verfolgten, haben wir unsere Erwartungen jetzt stark zurückgeschraubt, um noch mehr Enttäuschungen und Verletzungen zu vermeiden.

Niedrige Erwartungen schützen uns tatsächlich, aber gleichzeitig mindern sie unsere Fähigkeit zur Freude. Je weniger wir erwarten, um so weniger haben wir zu verlieren und um so weniger bekommen wir auch.

Wenn wir jedoch daran glauben, daß Glück möglich ist und uns zusteht, dann entdecken wir, daß wir nach der Freude in der Welt nur die Hand auszustrekken brauchen, und sie gehört uns.

Ich weiß, daß ich wieder glücklich sein werde.

Ich vergebe mir, denn ich wußte damals nicht, was ich jetzt weiß.

Jan Borene

Wir fragen uns, wie wir dermaßen blind sein konnten. Wie wir so lange in einer Beziehung ausharren konnten, die so selbstzerstörerisch, so wenig erfüllend und so langweilig oder deren Zeit einfach nur abgelaufen war.

Daß die Einsicht erst später kommt, ist vollkommen normal. Wenn wir zurückblicken, erkennen wir alles nur allzu deutlich. Aber zu jedem beliebigen Zeitpunkt unseres Lebens können wir nur die Entscheidungen treffen, die sich auf den Durchblick stützen, den wir in diesem speziellen Augenblick haben.

Tatsächlich wußten wir zu jenem Zeitpunkt nicht, was wir jetzt wissen. Daß wir allein glücklicher sind als zu zweit. Daß wir allein genauso gut zurechtkommen. Wir hatten Vorahnungen, kurze Momente der Einsicht, vielleicht sogar ein intensives Gefühl, was mit uns los war. Aber wir hatten noch nicht die richtige Kombination aus Einsicht und Mut – konnten sie auch gar nicht haben –, die notwendig war, um zu handeln.

Dafür können wir uns selbst vergeben. Denn als wir für das Wissen bereit waren, taten wir, was wir tun mußten.

Ich bin froh, daß ich weiß, was ich jetzt weiß.

Manchmal wünschte ich, auch heute nicht zu wissen, was ich damals nicht wußte.

Linda Ellerbee

Es gibt immer noch Augenblicke, in denen wir uns wünschten, nichts zu wissen. Daß wir in den Zustand segensreicher Unwissenheit zurückkehren könnten, in dem es möglich war, so zu tun, als ob unsere Beziehung überleben könnte.

Sich der Wirklichkeit zu stellen, zerstört unseren letzten Rest Optimismus. Es gibt kein Zurück. Wie schmerzhaft es auch sein mag, wir müssen die Wahrheit akzeptieren; es hat keinen Zweck, so zu tun, als ob wir uns eines Tages doch noch verändern würden oder als ob irgendwie – wie durch Zauberei – doch noch alles gut wird.

Tatsächlich wird alles gut. Wir können die Brutalität der Wirklichkeit nicht gegen die zum Schweigen gebrachten Träume, die wir einmal hatten, eintauschen. Aber wir können uns in dem Bewußtsein voranbewegen, daß wir an der Wahrheit festhalten.

Sich der Realität zu stellen ist hart, aber es ist der einzige Weg, um gesund zu werden.

Hoffnung ist das Gefühl, das man hat, daß das Gefühl, das man hat, nicht von Dauer ist.

Jean Kerr

Wenn wir uns niedergeschlagen und depressiv fühlen, können wir uns daran erinnern, daß auch das vorübergeht. Wenn wir traurig und voller Tränen sind, wenn die Erinnerungen über uns hinwegrollen, wenn wir uns nach seiner Gesellschaft und seiner Berührung sehnen, dann können wir uns daran erinnern, daß auch das vorübergeht. Wenn wir wütend darüber sind, wie er uns verletzt hat, oder uns Sorgen um die Zukunft machen, frustriert sind, weil es so lange dauert, sich zu erholen, dann können wir uns daran erinnern, daß auch das vorübergeht.

Das ist Hoffnung: das Gefühl, daß, so niedergeschlagen wir uns auch fühlen, wir uns besser fühlen können und wahrscheinlich auch besser fühlen werden.

Es wird vorübergehen.

Wenn wir keinen Frieden haben, dann, weil wir vergessen haben, daß wir zueinander gehören.

Mutter Theresa

Ein Teil des Schmerzes, den wir nach einer Trennung empfinden, kommt daher, daß wir nicht länger zu einem Menschen gehören, nicht länger mit ihm verbunden sind. Wir fühlen uns entfremdet, entwurzelt, ganz allein auf der Welt.

Aber wir sind nicht ganz allein auf der Welt. Denken Sie einen Augenblick lang an all die Leute, zu denen Sie gehören und denen Sie sich verbunden fühlen: Ihre Eltern, Ihre Kinder, Ihre engsten Freunde, Ihre Nachbarn, Ihre Kollegen und andere mehr.

Wir fühlen uns weniger verloren, wenn wir mit anderen Menschen verbunden sind, auf deren Fürsorge und Engagement wir zählen können. Machen Sie eine Liste der Leute, die für Sie eine Bedeutung haben.

Ich fühle mich vielen Menschen verbunden.

Das, was die Entwicklung einer Frau am meisten hemmt und ihr im Wege steht, ist ihre Tendenz, sich aufzuopfern.

Carol Gilligan

Frauen bringt man bei, daß Selbstaufopferung der Weg zur Liebe sei. Je mehr wir uns selbst zu Märtyrern machen, je mehr wir die Bedürfnisse der anderen unseren eigenen voranstellen, um so mehr Liebe – so will man uns weismachen – schenken wir.

Es tut gut, zu geben, aber – wie Carol Gilligan schon sagte – Selbstaufopferung ist gefährlich und richtet jede Menge Schaden an. Viele von uns haben das in unseren Beziehungen erlebt. Wir kapitulierten vor seinen Wünschen, wir gaben und gaben, bis wir uns buchstäblich selbst aufgegeben haben.

Jetzt ist es Zeit, uns selbst das Geschenk der eigenen Entwicklung zu machen. Wir konzentrieren uns auf unsere eigenen Ziele, auf unsere eigenen Wünsche, unsere eigenen Möglichkeiten persönlichen Wachstums, denn wir haben schließlich doch noch gelernt, daß wir anderen Menschen um so mehr zu geben haben, je mehr wir uns selbst geben.

Jetzt denke ich an mich selbst.

Kluge Frauen wissen: *daß man nach der Trennung nicht darüber nachdenken darf, wie er sich im Augenblick fühlt.*

Steven Carter, Julia Sokol

Es ist uns zur Natur geworden, uns über sein Wohlbefinden Sorgen zu machen. Wir vergeuden unsere kostbare Zeit und emotionale Energie, indem wir uns fragen: «Ist er einsam? Vielleicht sollte ich mal bei ihm vorbeifahren?» «Denkt er daran, regelmäßig zu essen?» «Ist er traurig? Vielleicht sollten wir noch einmal darüber reden, warum es notwendig ist, getrennt zu leben.»

Je mehr wir uns um sein Wohlbefinden sorgen, um so weniger denken wir über unser eigenes nach. Und solange wir uns Sorgen um ihn machen, verharren wir in der Vergangenheit. In gewisser Weise bleiben wir so an ihn gebunden.

Es mag grausam klingen, aber jetzt ist es Zeit, sich Ihren eigenen Belangen zuzuwenden. Und so geht's: Wenn Sie sich das nächste Mal dabei ertappen, daß Sie sich Sorgen um ihn machen, halten Sie inne und sagen zu sich selbst:

Meine Aufgabe besteht einzig und allein darin, darüber nachzudenken, wie es mir geht.

Ich glaube, daß ich bereit bin, vom Grund des Meeres wieder aufzutauchen.

Theresa C.

Ob Sie es glauben oder nicht, der Tag kommt, da wir erkennen, daß wir bereit sind, aus den Tiefen der Verzweiflung wieder an die Oberfläche zu kommen, zum Leben und all seinen Freuden, die es für uns bereithält.

Möglicherweise beschleicht uns das Gefühl, bereit zu sein, ganz plötzlich. «Ich wollte mir auf der Arbeit gerade eine Tasse Kaffee holen, warf einen Blick auf das Schwarze Brett und sah eine Ankündigung für eine Single-Party. Und plötzlich bemerkte ich, daß ich hingehen wollte», erinnert sich Joan, die nun schon über sechs Monate getrennt lebt.

Und Beth erinnert sich: «Eines Morgens wachte ich auf und fühlte mich gut. Tatsächlich ging es mir mehr als gut. Ich fühlte mich geradezu ekstatisch, und zwar zum ersten Mal in meinem Leben.»

Bei jedem kommt es anders. Aber es kommt. Früher oder später kehren wir ins Land der Lebenden zurück.

Ich bin zurück.

Sie werden Ihre innere Wahrheit nicht finden, wenn Sie andere Menschen analysieren und zu durchschauen versuchen.

Charlotte Davis Kasl

Die meisten von uns waren Meister darin, unseren Partner zu analysieren. Wir waren stolz auf unser intimes Wissen über seine Psyche, auf unsere hervorragenden Einsichten, auf das Maß, in dem wir ihn anleiten und ihn über sich selbst informieren konnten.

Jetzt ist es Zeit, den gleichen geschärften Blick auf unser eigenes Innenleben zu richten. Statt zu versuchen, seine Schwächen zu erkennen und ihn «festzunageln» (was letztendlich nichts gebracht hat und nur dazu diente, die Auseinandersetzung mit uns selbst zu vermeiden), können wir uns nun der Aufgabe widmen, unsere eigene innere Wahrheit zu finden, uns auf unsere Reise zur Erleuchtung zu konzentrieren.

Ich konzentriere mich auf mich selbst.

Ich habe noch nie eine Frau getroffen, die das Gefühl hatte, schön zu sein – und ich kenne schöne Frauen.

Patricia Hampl

Ob wir unser Äußeres vorher mochten, ablehnten oder ihm zwiespältig gegenüberstanden, eine Trennung kann vorübergehend unsere Selbstachtung beeinträchtigen, besonders in bezug auf unsere Attraktivität oder unseren Sex-Appeal.

Diese Entwicklung ist weder notwendig noch unausweichlich. Im Gegenteil, wenn wir uns trennen, so kann das für unser Selbstwertgefühl ein Segen sein; eine Gelegenheit, unser Selbstbild zu verbessern und zu erkennen, wie schön wir wirklich sind.

Jetzt ist der ideale Zeitpunkt für eine Veränderung gekommen, sowohl des Aussehens als auch der Einstellung zu sich selbst. Probieren Sie eine neue Frisur aus, ein anderes Make-up, kaufen Sie sich Kleidungsstücke in einem Stil, den Sie noch nie zuvor getragen haben. Dann gehen Sie aus und stellen Ihren neuen Look zur Schau. Denn die «Highlights» nach einer Trennung bestehen darin, daß wir beginnen, die Blicke und Komplimente zu genießen, wenn jemand – der nicht unser Partner ist – bemerkt, wie großartig wir aussehen.

Aber wir müssen diese Aufmerksamkeit auch verinnerlichen. Das tun wir, indem wir uns von unserer besten Seite zeigen, wenn wir in den Spiegel schauen und sagen:

Ich bin schön.

Diese Männer, es ist ja nicht so, daß wir sie nicht kommen sehen. Unsere Intuition ist gut; das Problem ist nur, daß wir sie ignorieren.

Amy Hempel

Besonders jetzt sind wir für «gefährliche Charmeure» besonders anfällig; für einige Frauen ist es vielleicht der starke, schweigsame Typ, für den sie sich ein Bein ausreißen, um ihm zu gefallen. Für andere wiederum ist es der «alte, liebe Freund», der plötzlich romantische Aussichten verheißt, der aber eigentlich wirklich nur ein Freund bleiben sollte. Wieder andere bemühen sich voller Überzeugung, einen vierzigjährigen Junggesellen umzukrempeln.

Wir sehen sie tatsächlich kommen, aber unsere Einsamkeit und unser Bedürfnis nach Intimität macht uns blind für ihre Fehler. Wir ignorieren unsere Intuition, die besorgten Ratschläge unserer Freunde, unsere Erfahrung, die uns rät, in die entgegengesetzte Richtung zu laufen.

Aber laufen müssen wir. Denn gerade im Augenblick ist das letzte, was wir brauchen, eine Beziehung, die mehr Arbeit als Spaß bedeutet, die uns mehr Ärger bringt, als sie wert ist.

Ich werde sorgfältig darauf achten, mit wem ich mich auf eine Liebesbeziehung einlasse.

Essen ist mein Freund und nicht mein Geliebter.

Joan Malerba-Foran

Wenn wir geliebt und umsorgt werden, dann sind wir besser dazu in der Lage, eine gesunde Beziehung zum Essen aufrechtzuerhalten. Aber wenn wir unsicher sind, dann nimmt das Essen in unserem Leben zu viel Raum ein; wir wollen den Trost haben, nach dem wir verlangen, und um es mit den Worten von Geanine Rosse zu sagen, wir «füttern das hungrige Herz».

Wir langweilen uns, deshalb reißen wir eine Tüte mit Kartoffelchips auf. Wir haben Angst, deshalb essen wir eine ganze Tafel Schokolade. Wir fühlen uns einsam, also plündern wir den Kühlschrank und stopfen uns – ob wir hungrig sind oder nicht – kalte Pizzareste in den Mund.

Natürlich sind wir hungrig, aber nicht auf Lebensmittel. Und Essen ist nur ein vorübergehendes Vergnügen.

Statt dessen müssen wir unsere Aufmerksamkeit der Seelennahrung zuwenden – Liebe, Pflege und Gesellschaft, die uns die Unterstützung bieten, die wir brauchen, um wirklich gesättigt zu sein.

Essen kann mein Freund oder mein Feind sein, ich bestimme es selbst.

Intimität bedeutet, daß ich dir sagen werde, wenn mich dein Verhalten tief verletzt.

Nancy T.

Vielleicht haben wir die Dinge, die uns verletzt haben, hinuntergeschluckt, haben so getan, als ob es uns gutginge, obwohl das gar nicht der Fall war. Vielleicht haben wir seine wütenden Ausbrüche ignoriert, haben ihm zu viele Chancen eingeräumt, haben den Mund gehalten oder uns sogar mit richtiggehender Mißhandlung in unserer Beziehung abgefunden.

Wir haben geschwiegen, weil wir Angst hatten, das Boot zum Kentern zu bringen, weil wir nicht wußten, wie wir unsere Bedürfnisse zum Ausdruck bringen sollten, oder weil uns nicht klar war, daß wir etwas Besseres verdienten.

Wir dürfen uns niemals mehr selbst herabwürdigen. Jetzt haben wir den Mut und die Stärke, Respekt zu verlangen und es niemals mehr zuzulassen, ein schweigendes Opfer zu sein. Jetzt können wir neue, gesündere Beziehungen entwickeln, in denen wir für uns eintreten können – ehrlich und direkt.

Ich finde den Mut, es zu sagen, wenn ich verletzt bin.

Für meine Finanzen zu sorgen ist ein Teil meines Lebens.
Melody Beattie

Die Art und Weise, wie wir unser Geld sparen und ausgeben, verändert sich nach einer Trennung ebenfalls. Unsere Wertmaßstäbe verändern sich: Vielleicht verschwenden wir unser Geld für ein Seidenkleid, das wir im Katalog gesehen haben, für einen wunderschönen Druck, den wir in unser Büro hängen wollen, für den köstlichen Kaffee, von dem er sagte, daß wir ihn uns nicht leisten konnten.

Unsere Prioritäten verändern sich: Vielleicht kündigen wir unseren Vertrag mit dem Fitness-Studio und legen statt dessen Geld für die Reise beiseite, von der wir immer geträumt haben, für die neue Couch oder die Wohnung, die wir uns kaufen wollen.

Und unsere Buchführung verändert sich vielleicht ebenso: Wir eröffnen ein neues Girokonto, nehmen uns vor, unsere Ausgaben aufzuschreiben, erledigen unsere Steuererklärung pünktlich und bringen sie rechtzeitig zur Post.

Ob unsere Investitionen sich verändern oder bleiben, wie sie waren, ob wir weniger oder mehr oder einfach nur für andere Dinge Geld ausgeben, ob wir immer schon verantwortlich für die Finanzen waren oder es gerade erst lernen, es ist wichtig, an folgendes zu denken:

Wie ich mein Geld verwalte, ist ebenfalls ein Ausdruck meiner selbst.

Es besteht ein Unterschied zwischen Zögern und Warten.

Natalie Goldberg

Wir zögern Dinge hinaus, weil wir Angst davor haben, zu handeln. Weil wir Angst haben, uns der Realität zu stellen, Angst davor, wie wir uns fühlen werden, Angst davor, mit den Konsequenzen unserer Handlungen zu leben.

Zu warten ist andererseits durchaus auch eine Art des Handelns. Wir treffen die bewußte Entscheidung, einen weiteren Monat zu warten, um absolut sicher zu sein, daß wir bereit sind, die Trennung durchzustehen. Wir warten damit, den Therapeuten anzurufen, weil wir wissen, daß wir noch nicht ganz bereit sind, mit unseren komplexen Gefühlen umzugehen. Wir warten damit, den Frauenarzt aufzusuchen, weil wir noch immer nicht wissen, wie wir von jetzt an die Empfängnisverhütung regeln werden.

Wenn wir zögern, dann haben wir Angst und sind uns dessen, was wir meiden wollen, übermäßig bewußt. Wenn wir ruhig warten, haben wir mit dieser Entscheidung unseren Frieden gemacht, sind selbstbewußt und empfänglich für den richtigen Augenblick.

Ich nehme mir genau die Zeit, die ich brauche.

Man kann sich an das zweite und das dritte und das vierte Mal erinnern, aber nichts ist wie das erste Mal.

Shelagh Delaney

Erinnern wir uns an die Aufregung vor unserem ersten Rendezvous? An den ersten Kuß? An das erste Mal, als wir wußten, daß wir bald ein Paar sein würden?

Als unsere Beziehung schlechter wurde, haben wir vielleicht aufgehört, romantische Abende zu verbringen. Wir haben vielleicht aufgehört, uns zu küssen und miteinander zu kuscheln und uns in den Arm zu nehmen. Auch unser Sexualleben wurde langweilig oder kam vielleicht ganz zum Erliegen.

Es ist großartig, von neuem zu beginnen. Die zittrige Vorfreude wieder zu erleben, wenn man jemand Neues trifft, sich wieder zu verlieben und sich wieder wie ein Teenager zu fühlen. Nur diesmal mit all der Weisheit unseres Lebens und der Dankbarkeit dafür, daß das erste Mal nur der Anfang von so vielem ist, das noch kommen kann.

Es gibt immer wieder ein erstes Mal.

Halten Sie nach einem freundlichen Menschen Ausschau: Vergessen Sie die Reichen.

Estée Lauder

Die Zynikerin in mir sagt: «Leicht gesagt, Estée, mit all den Millionen, die du damit verdienst, Make-up in sämtlichen Kaufhäusern der Welt zu verkaufen.»

Doch was sie sagt, ist richtig. Wohlstand ist etwas Wunderbares, wenn der nächste Mann, den wir treffen, uns finanzielle Unterstützung – oder sogar Luxus – bieten kann, großartig! Aber Geld allein ist wohl kaum ein Grund, um sich auf eine intime Beziehung einzulassen. Jetzt, da wir hoffentlich finanziell unabhängig sind, können wir uns auf die anderen, wichtigeren Eigenschaften konzentrieren, die wir uns bei einem Partner wünschen.

Ob Sie nun schon bereit sind, sich mit anderen Männern zu verabreden, oder nicht, die eigenen Phantasien auszuleben, macht Spaß. Fragen Sie sich selbst: Nachdem Sie ihn geliebt und verlassen haben, was haben Sie da gelernt? Welche Eigenschaften an einem Partner sind heute am wichtigsten für Sie?

Ich mache mir ein Bild meines neuen Partners.

Nur die Freunde, die man um vier Uhr nachts anrufen kann, sind wichtig.

Marlene Dietrich

Wenn alles vorbei ist, dann sind unsere Freunde unsere Familie. Unser Trost. Unsere Überlebensgarantie in schweren Zeiten.

Eine Trennung zeigt uns, auf wen wir uns wirklich verlassen können. Wir haben vielleicht Freunde, mit denen wir uns gelegentlich treffen, gute Freunde, denen wir uns anvertrauen können, aber es sind die wahren Freunde – diejenigen, bei denen wir uns ausweinen können, diejenigen, denen wir unsere Ängste und Zweifel mitteilen können, diejenigen, die wir um vier Uhr morgens anrufen können, ohne uns lang und breit dafür entschuldigen zu müssen –, die unseren tiefempfundenen Dank verdienen.

Und wenn sich das Blatt wendet, dann würden wir das gleiche für sie tun. Wir danken für die Liebe und für die Fürsorge, die wir bekommen. Genauso danken wir für das, was wir in der Lage sind, anderen zu geben.

Ich schätze meine Freunde jetzt mehr denn je.

Bis zu meinem achtundzwanzigsten Lebensjahr besaß ich eine Art begrabenes Selbst, das nicht wußte, daß es mehr konnte, als Babys in Windeln zu wickeln.

Anne Sexton

Dieses Zitat ist ebenso erstaunlich wie beruhigend. Erstaunlich, weil es kaum zu glauben ist, daß eine renommierte Schriftstellerin wie Anne Sexton ihre Fähigkeiten so lange unterdrücken konnte. Und beruhigend, weil so viele von uns genau das gleiche erlebt haben: Wir haben wichtige Aspekte unserer Entwicklung vernachlässigt, weil wir uns auf die Anforderungen, die Partner- und Mutterschaft an uns stellten, konzentrierten.

Nicht, daß irgend etwas falsch daran wäre, Babys zu wickeln, aber für alles gibt es den richtigen Zeitpunkt und den richtigen Ort. Vielleicht ist es jetzt Zeit für uns, unser begrabenes Selbst zu entdecken, die Teile von uns, die wir verleugnet oder auf unbestimmte Zeit verbannt haben.

Und so fangen wir es am besten an: Wir stimmen in unsere geheimsten Sehnsüchte ein, unisono mit der Stimme in unserem Innern, die sagt: «Ich möchte gern malen.» «Ich wollte schon immer einen Garten haben.» «Ich weiß, daß ich Saxophon spielen könnte, wenn ich es versuchen würde.»

Ich verleihe all meinen Wünschen Gehör.

Ich habe keine Ahnung, wie meine Geschichte enden wird.
Nancy Willard

Was gleichermaßen aufregend wie beängstigend ist.

Ein Neubeginn ist voller Geheimnisse. Was liegt vor uns? In wen verwandeln wir uns? Wie wird unser Leben in einem Monat aussehen? In einem Jahr? Wenn wir vierzig Jahre alt sind? Fünfzig? Sechzig? Werden wir letztlich allein durch das Leben gehen, ist es das, was wir wirklich wollen? Werden wir eine intime Beziehung eingehen, die Liebesgeschichte unseres Lebens? Werden wir uns wieder verheiraten oder wieder mit jemandem zusammenleben? Werden wir weitere Kinder haben? Werden wir unsere Karriere fortsetzen oder uns auf einen neuen, ganz anderen Kurs einlassen, von dem wir jetzt noch nicht einmal träumen?

Wir wissen nicht, wie unsere Geschichte – die, an der wir gerade schreiben – enden wird, und das öffnet unsere Augen für alles, während unser Schicksal sich langsam enthüllt.

Ich bin für alles offen, das vor mir liegt.

Man liebt zweimal, das erste Mal in der Wirklichkeit, das zweite Mal in der Erinnerung.

Honoré de Balzac

Wie wahr! Wie oft passiert es uns, daß wir uns an den Orten, die wir gemeinsam mit unserem Ex besucht haben, an die schönen Stunden erinnern. Der Stadtpark, unser erstes Rendezvous hier, unter diesem Baum, an diesem Teich. Unser Lieblingsitaliener um die Ecke, bei dem wir mindestens einmal die Woche essen gingen. Und natürlich das Möbelgeschäft, in dem er uns – vollkommen unromantisch und doch so liebevoll – gefragt hat, ob wir statt des kleinen Regals für seine Küche nicht gleich ein Schlafzimmer für eine gemeinsame Wohnung aussuchen sollten.

Nehmen Sie sich Zeit, diesen ebenso schmerzhaften wie schönen Erinnerungen nachzuspüren. Sie haben Ihren Partner einmal sehr geliebt, und ein Teil von Ihnen hängt immer noch an ihm. Es ist wichtig, sich die Erinnerungen an das Positive zu bewahren, doch ebensowichtig ist es, nach vorn zu blicken, um den Schmerz zu überwinden und die Vergangenheit nicht Ihr Leben lang als Mahnmal Ihres Verlustes zu erleben.

Ich blicke zurück und sehe die guten Erinnerungen, ich blicke nach vorn und sehe die Verheißungen der Zukunft.

AUGUST

Ein Herz, das sich öffnet, kann das ganze Universum umfassen.

Joanna Rogers Macy

Leiden öffnet unser Herz. Unser Verlust macht uns mitleidsfähiger, vertieft unsere Menschlichkeit, erhöht unsere Fähigkeit, den Schmerz und das Leiden anderer nachzuempfinden. Wir erfahren, daß eine entfernte Bekannte sich scheiden läßt, und wir kennen ihren Schmerz genau. Eine Freundin erlebt den Tod ihrer Eltern, und wir trauern mit ihr. Unser Mitleid geht weit über unseren Freundeskreis hinaus, betrifft unsere Gemeinschaft, unsere Welt.

Unsere Herzen haben sich weit geöffnet, um die Gefühle aller Menschen nachzuempfinden. Weit genug, um in einem Akt der Nächstenliebe unsere Hand denjenigen entgegenzustrecken, die in Not sind.

Mein Leiden hat mich empfänglicher gemacht.

Wenn eine Beziehung endet, wer bleibt übrig, um zu verstehen, warum?

Joyce Carol Oates

Wir wollen verzweifelt verstehen, was geschehen ist. Wir haben ihn so sehr geliebt. Wie ist es möglich, daß unsere Zuneigung gestorben ist? Wir haben so viel gegeben. Wie konnte es passieren, daß wir am Schluß so wenig in unseren Händen halten? Wir haben uns so sehr bemüht. Wie konnten unsere Bemühungen mit einer Trennung enden?

Aber sie taten es, egal wie sehr wir ihn liebten, und egal, wieviel wir gaben und versuchten, uns für das ganze Leben an ihn zu binden. Und trotz all unserer Fragen werden wir niemals genau erfahren, was passiert ist und warum. Die Antworten bleiben unvollständig. Es reicht nicht immer aus, nur zu lieben. Und es zu versuchen, führt nicht unbedingt immer zum Erfolg.

Langsam wird uns klar, daß es keine befriedigenden Antworten gibt. Nur den Trost, zu wissen, daß wir zum richtigen Zeitpunkt das Richtige getan haben, aus welchem Grund auch immer.

Eines Tages werde ich verstehen, was in meinem Leben geschehen ist.

Jetzt ist ihr bewußt, wieviel Verlust sie erleidet, solange sie hier ist. Es ist der außergewöhnliche Zins, den man so lange zahlen muß, wie man bleibt.

Annie Dillard

Oder, wie die etwas einfachere Formulierung lautet: Nichts im Leben ist umsonst.

Annie Dillard spricht von den außergewöhnlichen Kosten, die das Leben verursacht: von dem intensiven Schmerz, wenn wir Liebe und Verlust erleben; von der Erschöpfung, weil wir uns in unsere Beziehung voll einbringen und in sie investieren; von dem unvermeidlichen Verlust von Zeit, Energie und emotionalen Ressourcen. Von dem Preis, den wir zahlen, wenn wir uns – mit ganzem Herzen und ganzer Seele – auf die Liebe zu den Menschen unseres Lebens einlassen.

Uns ist klar, was wir verloren haben. Aber uns ist ebenso klar, wieviel Weisheit wir in diesem Prozeß gewonnen haben.

Ich akzeptiere die Kosten des Lebens.

Einsame Menschen, die miteinander reden, können einander noch einsamer machen.

Lillian Hellman

Wir müssen der Zeit, die wir mit anderen Menschen verbringen, die einsam und/oder deprimiert sind, eine gesunde Grenze setzen. Es ist zwar großartig, Mitleid zu empfinden, aber nach einer Weile intensivieren die Bürden anderer nur unser eigenes Leid. Wenn wir ihren Schmerz auf uns nehmen, dann zieht uns das vielleicht nur noch tiefer in den Abgrund.

Andererseits kann es uns von unseren eigenen Sorgen ablenken, wenn wir den Sorgen anderer Menschen zuhören. Wir haben die Möglichkeit, Mitgefühl und Trost zu spenden und weniger in Selbstmitleid zu baden. Solange wir uns nicht selbst dabei verlieren. Solange wir auch Zeit mit Freunden verbringen, die ein glückliches und erfülltes Leben führen, die sich unsere Sorgen anhören und uns aufheitern können.

Ich werde dafür sorgen, Zeit mit Freunden zu verbringen, die eine positive Einstellung zum Leben haben.

Es stimmt nicht, daß etwas mit Dir nicht stimmt. Jeder, der behauptet, daß etwas nicht stimmt, mit dem stimmt etwas nicht.

Renais Jeanne Hill

«Ich erzählte meinem Vater, daß ich mich scheiden lassen wollte, und er erinnerte mich an die ganzen anderen Beziehungen, die ich in der Vergangenheit ‹versaut› hatte», sagte Janice. «Das ist doch noch gar nichts», antwortete Marcie: «Ich hatte mich zum Abendessen mit zwei guten Freundinnen getroffen. Ich sagte, daß meine Scheidung gerade abgeschlossen sei, und eine von ihnen hatte den Nerv, mich zu fragen, ob ich mal darüber nachgedacht hätte, was ich falsch machte, daß die Männer vor mir davonliefen!»

Unglücklicherweise sind solche Geschichten häufiger, als man glaubt. Unsere Umwelt suggeriert uns, daß etwas mit uns nicht stimmt, weil wir uns von unserem Partner getrennt haben. Vielleicht ist es nur fehlgeleitete Fürsorge, vielleicht aber auch nur mangelnde Sensibilität.

Im Gegensatz zu dem, was die Menschen vielleicht glauben, bedeutet eine Scheidung oder Trennung das genaue Gegenteil: daß sehr wohl etwas mit uns stimmt. Es bedeutet, daß wir die Klugheit besaßen, zu erkennen, daß unsere Beziehung nicht funktionierte, und den Mut, dies zu ändern.

Ich werde nicht zulassen, daß Bemerkungen anderer mich aus der Fassung bringen.

Einer der Gründe, warum Menschen stur an ihrem Haß festhalten, ist der, daß sie sich ihrem Schmerz stellen müßten, wenn es den Haß nicht mehr gäbe.

James Baldwin

Das Gefühl der Wut schenkt uns Kraft: Schließlich sind wir die Opfer! Wir fühlen uns im Recht, wenn wir an unserem Zorn festhalten.

Das alles stimmt. Aber wir müssen uns auch fragen, was wir durch unseren Haß gewinnen. Was ist für uns drin, und warum fällt es uns so schwer, ihn loszulassen?

Erst einmal wirkt unser Zorn wie eine Decke. Solange wir Gefangene unserer Wut sind, kann unser Gefühl der Trauer nicht an die Oberfläche gelangen. Im Grunde ist unser Haß nur ein Deckmantel für unseren Schmerz, den wir vielleicht noch nicht bereit sind, an uns heranzulassen.

Wenn wir einmal dazu bereit sind, werden wir vom Haß zum Schmerz übergehen, von der Selbstgerechtigkeit zur Vergebung. Aber erst, wenn wir wirklich dazu bereit sind.

Ich weiß, daß unter meinem Zorn ein Meer der Trauer verborgen ist.

Sie können sich jeden Augenblick entschließen, neu anzufangen.

Mary Pickford

Das entscheidende Wort hier ist «entschließen». Entschließen wir uns, weiterhin an die Vergangenheit gebunden zu sein, oder entschließen wir uns, uns von unserer Beziehung ganz zu lösen und uns vollkommen auf unsere Zukunft zu konzentrieren.

Die Gelegenheit zu einem Neubeginn erwartet uns an jeder Biegung des Weges, je nachdem, welchen Entschluß wir fassen. Wir können uns wünschen, daß unsere Beziehung nicht zerbrochen wäre, oder wir können uns entschließen, von vorn anzufangen. Wir können ihm beständig an allem die Schuld geben, oder wir können uns entschließen, uns auf unseren Schuldanteil zu konzentrieren, um es in Zukunft anders zu machen. Wir können uns weiterhin im Selbstmitleid ertränken, oder wir können für all das dankbar sein, was vor uns liegt.

Ich habe die Wahl.

«Ich bin auch nur ein Mensch» gilt nicht länger als Entschuldigung, sondern als mein Ziel.

Joan Malerba-Foran

Wir sind daran gewöhnt, uns für unser Versagen, unsere Grenzen und unsere Fehler zu entschuldigen. Besonders nach einer Scheidung oder Trennung neigen wir dazu, uns selbst herabzuwürdigen, denn wir erkennen ganz klar, wo wir unsere Erwartungen nicht erfüllt haben.

Aber was, wenn das Mensch-Sein das Ziel ist? Was, wenn unser wahres Ziel darin bestehen sollte, unser Versagen als vollkommen natürlichen Schritt auf unserer Reise anzusehen? Wenn unser wahres Ziel darin besteht, unseren Perfektionismus aufzugeben und unsere Grenzen zu akzeptieren? Wenn unser höchstes Ziel darin besteht, unsere Fehler als wertvolle Lektionen des Lebens willkommen zu heißen?

Wir lernen immer wieder, daß unsere Menschlichkeit – mit all ihren dazugehörigen Fehlern – ein Geschenk ist. Wir befreien uns von unnötigem Druck, wenn wir akzeptieren – und glücklich darüber sind –, daß Menschlichkeit mehr als genug ist.

Gott sei Dank, daß ich ein Mensch bin.

Wir bekommen jeden Tag unseres Lebens eine zweite Chance.

Andrew M. Greeley

Viel zu häufig glauben wir, daß eine zweite Chance ein Scheitern unsererseits impliziert: Beim ersten Mal haben wir es halt vermasselt. Aber das Gegenteil trifft zu: Wir bekommen eine Chance zum Neubeginn! Wir bekommen zum zweiten Mal die Chance, allein zu leben, die Gelegenheit, uns unseren Ängsten zu stellen und unabhängiger zu werden. Wir bekommen zum zweiten Mal die Chance, uns ein neues Heim aufzubauen, das unsere Persönlichkeit und das, wozu wir uns in dieser Übergangsphase entwickeln, zum Ausdruck bringt. Und wir bekommen eine zweite Chance in der Liebe. Wir können die Weisheit und die Kraft anwenden, die wir in unserer letzten Beziehung gewonnen haben, um eine intime Liebesbeziehung aufzubauen.

Nehmen Sie sich einen Augenblick lang Zeit, um sich zu überlegen, welche zweiten Chancen Ihnen zuwinken.

Ich nutze die Chancen meines neuen Lebens.

Stellen Sie sich. Stellen Sie sich ihm, und es wird verschwinden.

Evan Hunter

Flucht oder Kampf sind die beiden natürlichen Reaktionen auf Angst.

Wir bekämpfen unsere Ängste oder laufen vor ihnen davon. Wir kämpfen gegen unsere Furcht an oder versuchen sie zu unterdrücken – mit Schlafmitteln, Antidepressiva oder Suchtverhalten. Wir bekämpfen unsere Trauer oder versuchen, vor ihr zu entfliehen, indem wir uns mit Gesellschaft umgeben oder uns in Arbeit ertränken.

Aber weder Flüchten noch Kämpfen bringt unsere Gefühle zum Verschwinden. Wir müssen uns ihnen mutig stellen und uns selbst erlauben, zu zittern vor Angst, unsere Furcht zum Ausdruck zu bringen, unserer Trauer freien Lauf zu lassen, damit sie nachläßt. Und selbst dann verschwinden unsere Gefühle nicht innerhalb eines Augenblicks. Wie Nebel lösen sie sich langsam auf, werden weniger und weniger, bis sie nicht länger Macht über uns besitzen.

Wenn ich mich meinen Ängsten stelle, läßt ihre Macht über mich nach.

Kluge Frauen wissen: *Man braucht lange, um wirkliche Liebe zu entwickeln. Zwei Wochen sind nicht besonders lang. Ebensowenig zwei Monate.*

Steven Carter, Julia Sokol

Sich zu verlieben – oder zu glauben, daß man sich verliebt hat –, ist eine Falle, in die frisch Getrennte schnell hineintappen.

Wir verlieben uns bei dem kleinsten Hinweis auf Interesse: ein bewundernder Blick, ein Kompliment. Das alles schickt uns ins Land der Träume, bevor wir uns überhaupt davon überzeugen können, ob er nicht vielleicht doch einen Ehering trägt.

Mit anderen Worten: Wir sind verletzlich. Sehr verletzlich. Was nicht bedeutet, daß wir einen Flirt ignorieren, Komplimente zurückweisen oder vielversprechende Einladungen ablehnen sollten. Es bedeutet nur, daß wir uns des Unterschieds zwischen Verliebtheit und wahrer Liebe bewußt sein sollten. Und daß wir uns selbst genug Zeit geben sollten, um herauszufinden, was wir wirklich wollen.

Es ist schwierig, Geduld zu haben, besonders, wenn wir so ausgehungert nach Aufmerksamkeit und Zuneigung sind. Aber Geduld zahlt sich aus. Wenn es nur Verliebtheit ist, genießen Sie es, aber seien Sie sich bewußt, daß es vorbeigehen wird. Wenn es wahre Liebe ist, dann lohnt es sich, zu warten.

Ich nehme mir die Zeit, die ich brauche.

Das Kind in mir sagt: «Halte daran fest.» Die Erwachsene in mir sagt: «Laß los.»

Harriet Hodgson

Der Begriff des «inneren Kindes» hat mittlerweile eine gewisse Popularität erlangt. Er bezeichnet das kleine Mädchen, das wir einmal waren, und die Gefühle, die wir aus dieser Zeit immer noch haben.

Wie Harriet Hodgson sagt, will unser «inneres Kind» immer an dem festhalten, was bekannt und sicher erscheint, selbst wenn es nicht das Beste für uns ist. Wir halten an Träumen und Plänen fest, selbst wenn sie nicht gut für uns sind. Wir halten an unserem Schmerz fest, selbst wenn eine Genesung uns ein glücklicheres, gesünderes Leben ermöglichen würde.

Und deshalb brauchen wir unseren «inneren Erwachsenen» ebensosehr wie unser «inneres Kind». Unser «inneres Kind» sagt: «Das ist mir passiert, aber ich verstehe nicht, warum.» Unser «innerer Erwachsener» sagt: «Ich verstehe, was mir passiert ist. Jetzt ist es Zeit, mich von der Vergangenheit zu lösen, damit ich in der Zukunft voranschreiten kann.»

Ich schätze den Erwachsenen sowie das Kind in mir.

Ich habe gelernt, selbst zu tanken.

Ellen Sue Stern

Ich gestehe, daß ich das Tanken ihm überließ, solange ich verheiratet war. Es war angenehmer, im Auto zu warten, während er sich die Hände schmutzig machte. Und wenn er nicht dabei war, dann war es am bequemsten, dem Tankwart etwas Trinkgeld zu geben, um den Tank gefüllt zu bekommen.

Stolz kann ich heute verkünden, daß ich gelernt habe, selbst die Zapfsäule zu bedienen. Und meistens tue ich es auch. Nur dann nicht, wenn es regnet oder schneit – was zugegebenermaßen recht häufig passiert. Und ja, um ganz ehrlich zu sein, jetzt, wo ich wieder verlobt bin, bleibe ich häufig im Auto sitzen und lasse Joey rausspringen und tanken.

Von mir aus, halten Sie mich für faul. Halten Sie mich für käuflich. Was wirklich zählt, ist, daß ich weiß, wie es geht, damit ich, wenn ich will oder wenn ich muß, alles tun kann, was nötig ist, um für mich selbst zu sorgen.

Ich werde täglich selbständiger.

Kehren Sie niemals an einen Ort zurück, an dem Sie einmal glücklich waren. Nur dann wird er für Sie lebendig bleiben.

Agatha Christie

Wir kehren an die «Orte» unserer Ehe oder Partnerschaft zurück: Wir rollen uns auf der Couch zusammen, auf der er uns den Heiratsantrag gemacht hat, wir kehren in das kleine Café zurück, in dem wir sonntags immer gemeinsam gefrühstückt und die Zeitung gelesen haben.

Hier behält die berühmte Redensart «Es gibt kein Zurück» ihre Berechtigung. Wir werden von unseren Erinnerungen an glücklichere Tage heimgesucht. Aber wenn wir versuchen, die Vergangenheit noch einmal lebendig werden zu lassen, dann führt uns das schmerzhaft vor Augen, wieviel sich verändert hat. Statt dessen müssen wir vorwärts gehen, uns neue Erinnerungen schaffen, glückliche Orte aufsuchen, die die Gegenwart repräsentieren, damit die Vergangenheit lebendig bleiben kann – als wunderbare Erinnerung, nicht als Mahnmal dessen, was uns nicht länger gehört.

Ich werde meine Erinnerungen in Ehren halten.

Eine Frau kann einen Mann nur verändern, solange er ein Baby ist.

Natalie Wood

Einerseits ist dieses Zitat schrecklich überheblich. Auf der anderen Seite stimmt es. Wir haben so viel Zeit in unserer Beziehung mit dem Versuch verbracht, ihn zu ändern – wollten ihn rücksichtsvoller, sensibler, mitteilsamer machen. Wir haben ihn zu manipulieren versucht, das zu sein und zu tun, was wir wollten oder für das Beste hielten. Wir drängten ihn, seine Mutter zu besuchen, eine Therapie zu machen oder sich um die verdiente Beförderung zu bemühen. Wir zerrten seine innersten Gefühle an die Oberfläche, damit wir die Intimität und Kameradschaft bekamen, die wir brauchten.

Ein Großteil unserer Trennung besteht darin, die Kontrolle aufzugeben. Wir glaubten, ihn verändern zu können. Jetzt erkennen wir, daß wir uns getäuscht haben.

Jetzt ist es unsere Aufgabe, uns unser Bedürfnis, andere zu kontrollieren, einmal näher anzusehen und zu lernen, wie man wieder liebt – diesmal dadurch, daß wir ihn akzeptieren und ermutigen, aber wissen, daß wir ihn niemals zu dem Menschen machen können, als den wir ihn haben wollen.

Es ist nicht meine Aufgabe, andere Menschen zu verändern.

Halten Sie sich an den höchsten Standard.

H. Jackson Brown, jr.

Helen, die gerade geschieden wird, beschrieb eine Situation, in der ihr zukünftiger Exschwager unglaublich grob war: «Nicht nur, daß er meinen Kindern nichts schenkte, er weigerte sich sogar, mit ihnen zu sprechen, als sie auf der Weihnachtsparty bei der Familie ihres Vaters waren! Ich war so wütend, daß ich es ihm heimzahlte, indem ich mich weigerte, seine Tochter zur Geburtstagsfeier meines Sohnes einzuladen.»

Offensichtlich war Helens Zorn gerechtfertigt. Und wahrscheinlich gelang es ihr, ihre Wut deutlich zu zeigen. Aber nicht, ohne sich selbst eine Enttäuschung zuzufügen. Rückblickend sagt sie: «Schließlich fühlte ich mich miserabel. Ich wünschte, ich hätte mich nicht auf das Niveau meines Schwagers runtergelassen.»

Wenn wir verletzt oder wütend sind, neigen wir dazu, auf eine Weise zu reagieren, auf die wir nicht stolz sein können. Aber wenn wir uns selbst an unsere eigenen hohen Wertmaßstäbe halten, dann macht sich das unweigerlich bezahlt.

Ich werde gerecht und mir selbst gegenüber aufrichtig sein.

Ich bin dankbar für jedes Erlebnis, ob gut oder schlecht ...
Ally Sheedy

Wie soll man dankbar für den Schmerz sein, den man erlitten hat? Für den Betrug, der einem widerfahren ist? Für die Angst, die Unsicherheit und die Verwirrung, mit der wir zurückgelassen werden?

Der Schlüssel liegt darin, das Positive zu entdekken, das in jedem einzelnen Erlebnis unseres Lebens liegt – in den glücklichen, frohen Momenten ebenso wie in den schmerzlichen und schwer erträglichen. Wir fragen: «Was habe ich durch meine Schwierigkeiten gewonnen: Welche Einblicke? Welche Lektionen? Welche meiner Stärken ist die direkte oder indirekte Folge eines bestimmten Erlebnisses?»

Wenn wir diese Dinge erkennen können, dann werden wir für das, was uns gegeben wurde, auch dankbar sein, für das Gute ebenso wie für das Schlechte – in dem Wissen, daß alles Schlechte eine positive Kehrseite hat.

All meine Erlebnisse lehren mich etwas Wertvolles.

Ach, wenn Ihr nur den Frieden kennen würdet, der in der Akzeptanz des Leides liegt.

Jeanne de la Motte-Guyton

Wir glauben, daß wir uns besser fühlen, wenn wir herausfinden, was falsch gelaufen ist, wenn wir analysieren können, was wir anders hätten machen sollen.

Aber Akzeptanz ist der Weg zum Frieden. Wenn wir uns mit der Wirklichkeit versöhnen und die Tatsache akzeptieren können, daß unsere Beziehung vorbei ist, daß es nichts gibt, das wir hätten anders machen können, dann erfahren wir ein tiefes Gefühl der Heiterkeit und des Friedens.

Etwas zu akzeptieren, bedeutet nicht, sich in sein Schicksal zu fügen oder aufzugeben. Es bedeutet, daß wir akzeptieren, daß unser Schmerz zur Wirklichkeit gehört, daß keine Notwendigkeit besteht, die Intensität unserer Gefühle zu verleugnen. Es bedeutet, daß wir unseren vollen Schmerz spüren, um später unseren vollen Frieden zu finden.

Ich werde meine Gefühle zulassen, ohne davor zu flüchten.

Es ist egal, wie zynisch ich mich gebe, es bringt mich doch nicht weiter.

Jane Wagner

Wir kaschieren unsere Enttäuschungen durch kernigen Zynismus: «Ich habe niemals wirklich daran geglaubt, daß unsere Liebe ewig dauern würde.» «Ich bin zu klug, um jemals wieder auf so eine romantische Geschichte reinzufallen.»

Was wir wirklich sagen wollen, ist: «Es ist zu schmerzhaft, zu akzeptieren, daß die Liebe, von der ich geglaubt habe, daß sie ewig hält, nicht mehr existiert.» Was wirklich in uns vorgeht, hört sich so an: «Ich werde nicht noch einmal zulassen, daß ich so verletzlich bin.»

Wir bleiben so lange zynisch, wie wir müssen. Solange wir uns vor unserem Schmerz schützen und von der Desillusionierung erholen müssen, leistet uns unser Zynismus gute Dienste. Wenn wir bereit sind, ihn aufzugeben, es zuzulassen, daß unser Schmerz an die Oberfläche kommt und unsere Desillusionierung uns überwältigt, dann können wir loslassen und wieder neu lieben.

Wenn ich bereit bin, meinen Zynismus aufzugeben, werde ich es tun.

Jeder von uns spielt eine Rolle, die von uns verlangt, uns zu verändern und die Verantwortung für die Gestaltung unserer Zukunft zu übernehmen.

Hillary Rodham Clinton

Hillary Rodham Clinton spricht von Veränderungen im politischen Sinne, davon, daß jeder von uns die Verantwortung dafür trägt, die Zukunft seines Landes mitzugestalten.

Doch das gleiche gilt für unser Leben als Individuum. Jede von uns, die eine Scheidung oder Trennung durchmacht, muß Möglichkeiten für sich entdecken, um sich zu verändern und ihre eigene Zukunft besser zu gestalten. Für einige von uns bedeutet das einen Berufswechsel, die Entwicklung eines anderen Lebensstils oder eine Therapie, um unsere innersten Beweggründe kennenzulernen.

Ob wir nun unsere Energie investieren, um den Menschen eine bessere Welt oder um uns ein besseres Leben zu schaffen, wichtig ist nur, sich selbst zu fragen: Was kann ich tun, um etwas zu verändern?

Ich bemühe mich aufrichtig um positive Veränderungen.

Es macht mich traurig, wieder eine unabhängige Frau zu werden. Es war eine tiefe Freude für mich, mich auf seine Einsicht und seine Führung zu verlassen.

Anaïs Nin

Wir trauern um den Verlust der Möglichkeit, uns auf unseren Exmann zu verlassen, um den Verlust seiner Einsicht und seiner Führung. Seiner finanziellen und emotionalen Unterstützung. Seiner Partnerschaft, Kameradschaft und Liebe.

Und gleichzeitig freuen wir uns über unsere neue Unabhängigkeit, wir sind dafür dankbar, daß wir uns jetzt stärker auf uns selbst verlassen können. Und wir erfahren, auf welche Freunde wir zählen können, wenn wir Hilfe brauchen. Wir entdecken neue Quellen der Unterstützung, an die wir vorher noch nicht einmal gedacht haben. Und, was am wichtigsten ist, wir lernen, daß Unabhängigkeit nicht bedeutet, allein zu sein, sondern lediglich, daß wir uns fest auf uns selbst verlassen können, ohne uns unsicher, einsam oder verloren zu fühlen.

Ich bin unabhängig und kann trotzdem um Hilfe bitten.

... hör auf, dir Sorgen zu machen, weil du dir Sorgen machst.

Tracy Kidder

Was für eine Energieverschwendung!

Warum sollte man sich über all die Dinge Sorgen machen, um die wir uns kümmern müssen? Über die Rechnungen, die sich auf unserem Schreibtisch stapeln? Über die Möglichkeit, daß unsere Kinder als Resultat unserer Scheidung oder Trennung vielleicht Probleme entwickeln? Darüber, daß wir im Alter ganz allein dastehen könnten?

Fruchtlose Sorgen halten uns nur davon ab, die Dinge in die Hand zu nehmen. Wir können wegen der Rechnungen Schweißausbrüche bekommen, oder wir können die Ärmel hochkrempeln, um sie zu bezahlen. Wir können uns selbst geißeln, weil wir unseren Kindern vielleicht Schaden zufügen, oder wir können einen Termin beim Kinderpsychologen vereinbaren, um noch eine zweite Meinung zu hören. Wir können uns vorstellen, später ganz allein zu sein, oder wir können in einen Club Alleinstehender eintreten.

Letztendlich ist es nur ein Zeitverlust, wenn man sich Sorgen macht. Veränderungen können nur durch Handeln bewirkt werden.

Ich werde aufhören, mir Sorgen um meine Sorgen zu machen.

Man kann jemanden so sehr lieben – oder lieben wollen –, daß man absolut nichts mehr sehen kann.

Nora Ephron

«Wie konnte ich nur so blind sein?» lautet der ständig wiederkehrende Ausspruch geschiedener Frauen.

Wir blicken auf unsere Beziehung zurück und stellen unser Urteilsvermögen in Frage. Unser Selbstwertgefühl. Unsere Fähigkeit, zwischen dem, was gut für uns ist, und dem, was nicht gut für uns ist, zu unterscheiden.

Waren wir so blind vor Liebe, daß wir wirklich nicht erkannten, wer er war und in welche Situationen wir uns hineinmanövrierten? War unser Selbstwertgefühl wirklich so gering, daß wir uns mit viel weniger zufrieden gaben, als wir verdienten? War unser Unterscheidungsvermögen – unsere Fähigkeit, das Gute vom Schlechten, das Gesunde vom Ungesunden zu trennen – so schlecht, daß wir es zuließen, vernachlässigt und mißhandelt zu werden, selbst wenn andere uns beschworen, doch einmal genauer hinzusehen?

Die Wahrheit ist, daß wir genau das sahen, was wir uns vor dem Hintergrund unserer Gefühle und Bedürfnisse zu diesem Zeitpunkt leisten konnten, zu sehen. Jetzt sehen wir klarer.

Ich gehe mit offenen Augen voran.

Der Grund, warum eine Ehe scheitert, ist, daß zwei Menschen einfach nicht zusammenpassen: Einer ist männlich, der andere weiblich.

Anna Quindlen

Die Ursache für das Scheitern einer Beziehung liegt teilweise im Konflikt zwischen den Geschlechtern. Sie sagt: «Er hat sich nicht um unsere Belange gekümmert.» Er sagt: «Welche Belange?» Sie sagt: «Ich wollte nur, daß er sich meine Gefühle anhörte.» Er sagt: «Ich wollte nur, daß sie mich in Ruhe ließ.» Sie sagt: «Ich wollte sparen, damit wir ein Kind bekommen konnten.» Er sagt: «Ich wollte sparen, damit wir uns eine Hütte am See kaufen konnten.» Stecken die beiden wirklich in der gleichen Beziehung?

Viele unserer Probleme resultieren aus der Tatsache, daß einer von uns männlich und die andere weiblich ist. Aber letztendlich ist viel entscheidender, daß wir beide menschliche Wesen sind, die nicht in der Lage waren, die Kluft, die zwischen ihnen bestand, zu überbrücken.

Es ist nicht nur ein Kampf der Geschlechter.

Die Lyrik hat mich immer wieder gerettet.

Muriel Rukeyser

Ich persönlich kann nicht von mir behaupten, daß mich die Lyrik jemals «gerettet» hätte, geschweige denn, daß sie mir über schwere Zeiten hinweggeholfen hätte.

Jeder von uns wendet sich anderen Dingen zu, bei denen er Trost, Unterstützung und Inspiration sucht. Ich schreibe. Wenn ich am Ufer eines Sees sitze, gelingt es dem Schreiben immer, mich zu «retten», mir die Hoffnung wiederzugeben und mich daran zu erinnern, daß das Leben es wert ist, gelebt zu werden.

Manche malen. Verschreiben sich der Bildhauerei. Der Gärtnerei. Der Religion. Dem Laufen. Dem Klavierspiel. Wieder andere füttern die Enten am See.

Was ist Ihre Quelle der Befriedigung? Was heitert Sie immer auf, wenn Sie sich deprimiert fühlen?

Ich finde geistige Erneuerung, indem ich meiner Kreativität Ausdruck verleihe.

Ich habe mehr Unheil angerichtet, wenn ich versuchte, zu gefallen, als durch meine Ehrlichkeit, wenn ich versuchte, jemanden zu verletzen.

Jessamyn West

Wir haben anderen Menschen tatsächlich Leid zugefügt, wenn wir den «kleinen Sonnenschein» spielten. Obwohl wir es gut meinten und das Herz am richtigen Fleck hatten, manipulierten und betrogen wir andere Menschen – insbesondere unseren Partner –, indem wir in dem Versuch, ihnen zu gefallen, etwas vorgaben, was gar nicht der Fall war.

Rückblickend wären wir mit der Wahrheit besser gefahren, auch wenn sie schmerzhaft war, auch wenn sie unangenehm oder hart oder einfach nur nicht das, was der andere hören wollte, war. Jetzt wissen wir, daß wir ihn weniger verletzt hätten, wenn wir bereit gewesen wären, zu sagen, wie wir uns wirklich fühlten, und zwar lieber früher als später. Jetzt erkennen wir, daß wir weniger Schaden angerichtet hätten, wenn wir aufrichtig über unseren Schmerz gesprochen hätten. Ob wir den Partner nun damit verletzt hätten oder nicht. Was nicht heißen soll, daß es etwas gebracht hätte, wenn wir gemein oder negativ gewesen wären. Nur unsere ehrlichen Gefühle – gute und schlechte – sind im Namen der Liebe von Belang.

Ich kann lieben, ohne unter dem Druck zu stehen, gefallen zu müssen.

Ich war nie verheiratet, weil ich es nie für notwendig hielt.
Marie Corelli

Es bleibt zu hoffen, daß wir zum Zeitpunkt, als wir «Ja, ich will» sagten, wußten, warum wir uns für immer aneinander binden wollten.

Jetzt haben wir die Gelegenheit, den Wert der Ehe neu zu überdenken. Hoffen wir, eines Tages noch einmal zu heiraten? Würden wir lieber ohne Trauschein mit einem Mann zusammenleben? Oder vielleicht gar nicht mehr? Wenn doch, warum? Wenn wir morgen noch einmal heiraten würden, weshalb würden wir es tun? Haben sich unsere Gründe, warum wir unser Leben mit jemandem teilen wollen, verändert, so wie wir uns verändert und entwickelt haben?

Meine haben sich verändert. Mit zweiundzwanzig Jahren habe ich geheiratet, um Geborgenheit zu erlangen. Mit sechsundzwanzig habe ich wegen der Kameradschaft geheiratet und um eine Familie zu haben. Mit neununddreißig heirate ich aus Vergnügen und Freude. Unsere Bedürfnisse verändern sich. Ebenso verändern sich unsere Motive, während wir fortfahren, unsere Rolle in der Ehe – ebenso wie die Frage, ob sie heute noch in unser Leben paßt – neu zu definieren.

Mein Verständnis von der Ehe entwickelt sich beständig weiter.

Kinder wollen ihre Eltern wieder miteinander versöhnen. Deshalb tun sie zum Beispiel so, als ob sie ernsthaft krank wären. (Ich glaube nicht, daß es wirkt, wenn man nicht gerade Lungenentzündung oder so etwas hat.)

Zoe Stern

Diese Äußerung meiner Tochter Zoe bringt mich gleichzeitig zum Lachen und zum Weinen. Wie wahr, daß unsere Kinder alles in ihrer Macht Stehende tun würden, um ihre Eltern wieder miteinander zu versöhnen. Sie würden krank werden, weglaufen, sich in Schwierigkeiten begeben, wenn es ihnen dadurch gelänge, uns wieder zu vereinen.

Wir wissen das und möchten unseren Kindern versprechen, daß wir tun, was immer sie brauchen, um sich geborgen zu fühlen. Aber das können wir nicht. Wir können unsere Ehe nicht fortführen, auch nicht, um ihnen ein Optimum an Geborgenheit zu geben.

Wir können sie jedoch immer wieder beruhigen, daß sie von uns beiden geliebt werden und daß wir beide für sie sorgen werden. Daß wir zusammenarbeiten werden, um ihnen gute Eltern zu sein. Und daß sie unsere zerbrochene Beziehung weder verursacht haben noch irgend etwas dazu beitragen können, um sie wieder zu kitten.

Meine Aufgabe besteht darin, den Schmerz meiner Kinder zu lindern.

Man darf den Sex nicht dazu zwingen, die Arbeit der Liebe zu verrichten, noch die Liebe dazu zwingen, die Arbeit des Sexes zu tun.

Mary McCarthy

Bei vielen von uns hielt der Sex bis zum Schluß; wir blieben physisch miteinander verbunden, noch lange, nachdem die Liebe gestorben war.

Gott sei Dank haben wir gelernt, daß Sex nicht unbedingt Liebe ist. Wenn wir uns jetzt auf ein erotisches Abenteuer einlassen, müssen wir folgendes im Auge behalten: Sex kann Spaß machen und unser Bedürfnis nach menschlicher Wärme stillen, aber das heißt noch lange nicht, daß sich eine neue Liebesbeziehung daraus entwickeln muß, die es wert wäre, sich gefühlsmäßig stark darin zu engagieren.

Aus dem gleichen Grund müssen wir aber auch umgekehrt nicht gleich den Sprung von der Liebe zum Sex wagen. Wir können unsere Gefühle zunächst etwas köcheln lassen und das aufregende Prickeln romantischer Verliebtheit genießen, ohne gleich miteinander ins Bett zu gehen. Wenn wir Liebe und Sex voneinander trennen, ist es um so schöner, wenn eines Tages beides miteinander verschmilzt.

Ich werde Sex nicht mit Liebe verwechseln.

Führen Sie ein ausgewogenes Leben. Lernen Sie ein bißchen, denken Sie ein bißchen, zeichnen und malen und singen und tanzen und spielen und arbeiten Sie ein bißchen, jeden Tag.

Robert Fulghum

Ein großartiger Rat. Und besonders großartig ist er jetzt, da unser Leben wahrscheinlich etwas aus dem Gleichgewicht geraten ist. Wir arbeiten zu viel und vergessen, uns die Zeit zur Entspannung zu nehmen. Wir stürzen uns selbst in eine neue Beziehung und vergessen, Zeit mit uns allein zu verbringen, zu meditieren, nachzudenken oder einfach nur zu träumen. Wir genießen unsere Freiheit, indem wir fast jede Nacht auf Achse sind und schließlich an unserem Schreibtisch einschlafen.

Wenn wir unser Leben wieder ins Lot bringen, dann sagen wir damit: «Ich sorge mich um mich selbst. Ich werde darauf achten, jeden Teil meines Selbst fürsorglich zu behandeln und ihm das zu geben, was er braucht.»

Welche Aspekte Ihres Lebens benötigen Aufmerksamkeit? Nehmen Sie sich vor, darauf zu achten.

Ich bemühe mich um Ausgewogenheit in meinem Leben.

Es gibt keine Handlung, für die niemand verantwortlich wäre.

Otto von Bismarck

Nach einer Trennung neigen wir dazu, jemandem die Schuld für das Ende unserer Beziehung zuzuweisen. An manchen Tages ist er es, den wir für unsere Trennung verantwortlich machen. Schließlich hat er sich zurückgezogen und nur noch für seine Karriere gelebt! Schließlich hat er sich nicht mehr um die Kinder gekümmert! Schließlich hat er sich geweigert, seinen Teil zu unserer Beziehung beizutragen!

Aber eine andere Stimme in uns fragt, welche Schuld *wir* an unserer Trennung haben. Was, wenn *wir* ihn durch unsere ständige Nörgelei und Unausgeglichenheit aus dem Haus getrieben haben? Was, wenn *wir* ihn von uns entfremdet haben, weil wir häufig viel zu überlastet waren, um zärtlich zu ihm zu sein, geschweige denn, um mit ihm zu schlafen?

Höchstwahrscheinlich sind wir beide für das Ende der Beziehung verantwortlich. Doch ständiges Nachgrübeln ist fruchtlos und führt nur dazu, daß wir uns an die Vergangenheit klammern. Lassen Sie los, richten Sie Ihre Gedanken auf die Zukunft. Denken Sie darüber nach, was Sie in Ihrer nächsten Partnerschaft anders machen können und werden. Übernehmen Sie die Verantwortung für die Gegenwart, denn nur so können Sie sich langfristig ein erfülltes und zufriedenes Leben aufbauen.

Nur ich bin verantwortlich für meine Gegenwart und Zukunft.

SEPTEMBER

Wenn du einen Freund haben willst, dann laß zu, daß dir jemand einen Gefallen tut.

Benjamin Franklin

Wir glauben, daß wir nur dann eine gute Freundin sind, wenn wir pausenlos geben, doch tatsächlich beruht Freundschaft auf Gegenseitigkeit.

Es ist Zeit, daß wir lernen, Gefälligkeiten freundlich zu akzeptieren. Bis jetzt waren wir vielleicht zu stolz, einen Gefallen von anderen anzunehmen. Wir wollten niemandem etwas schuldig sein.

Aber genau das Gegenteil ist der Fall. Wenn wir Gefälligkeiten, Hilfe oder Unterstützung von Freunden annehmen, dann ist das gleichzeitig eine Variante des Gebens. Auf diese Weise sagt man: «Ich vertraue dir genug, um dich in mein Leben zu lassen. Ich vertraue dir genug, um dir meine Verletzlichkeit zu zeigen. Und ich vertraue darauf, daß es in der Zukunft Gelegenheiten für mich geben wird, dir ebenfalls einen Gefallen zu tun.»

Ich bin nicht zu stolz, um Hilfe anzunehmen.

Wenn wir einen Menschen sehr lieben, dann können wir auch allen anderen mehr Liebe schenken.

Madame Swetchine

Wenn wir zurückblicken, fühlen wir uns vielleicht betrogen. Wir fragen uns, ob wir unsere Liebe verschwendet haben. Was haben wir gewonnen, nachdem wir unserem Ex all unsere Liebe geschenkt haben?

Etwas haben wir ganz bestimmt gewonnen: unsere verbesserte Fähigkeit, andere Menschen – unsere Kinder, unsere Freunde, selbst unsere Nachbarn und Kollegen – fürsorglicher zu behandeln und mehr Liebe zu schenken.

«Und was ist mit meiner Bitterkeit?» mögen Sie jetzt vielleicht fragen. «Ich bin so verletzt. Wenn überhaupt, dann bin ich viel weniger fähig, zu lieben.»

Aber Bitterkeit geht vorüber. Während wir unseren Schmerz und unsere Wut langsam loslassen, entdecken wir, daß unsere Fähigkeit, zärtlich zu sein und zu lieben, größer geworden ist.

Vielleicht haben Sie bereits festgestellt, daß diese Veränderung in Ihrem Leben stattfindet. Denken Sie an Ihre Beziehung zu Ihren Kindern. Ihren Freunden. Anderen Menschen, die Ihnen etwas bedeuten. Können Sie erkennen, wie das, was Sie durchgemacht haben, Sie zu einem mitfühlenderen und liebevolleren Wesen gemacht hat?

Mein Schmerz hat mich geöffnet.

Archie Bunker: Was ist an Rache verkehrt? Es ist doch eine wunderbare Gelegenheit, den Ausgleich zu erzielen.

Norman Lear

Warum sollten wir nicht den Ausgleich erzielen, indem wir zurückschlagen? Warum nicht Vergeltung üben? Warum dem, der uns verletzt hat, nicht vor Augen führen, wie es sich anfühlt? Warum nicht Rache nehmen und ihm Schaden zufügen?

Weil wir letztendlich nur uns selbst verletzen. In einem Krieg ist Rache vielleicht unvermeidlich, aber die Zahl der Toten erhöht sich nur. Je mehr wir uns zur Wehr setzen, um so mehr Verwundete gibt es. Sieg? Vielleicht. Aber der wird mit noch mehr Blutvergießen erkauft.

Rache ist eine Art Überreaktion. Es gibt einen besseren Weg: Weitermachen – mit unserem Leben, mit neuen Beziehungen, mit unserer Zukunft – trägt erheblich mehr zur Genesung bei.

Rache bewirkt nicht, daß ich mich besser fühle.

Was ich mir wünschte, war Geborgenheit, und zwar seit dem Tag in Wyncote, an dem meine Mutter und mein Vater sich trennten.

Reggie Jackson

Vielleicht sind wir verheiratet geblieben, um unseren Kindern Geborgenheit zu bieten. Wir wollten, daß sie sich sicher fühlten, daß sie eine – und nur eine – Adresse hatten, wo beide Elternteile zu Hause waren. Wir wollten, daß sie wußten, wohin sie nach der Schule gehen sollten, wo sie essen konnten und wo ihre Pyjamas lagen.

Wir kämpfen mit unserer Schuld. Und mit unserer Furcht. Haben wir das Selbstvertrauen unserer Kinder untergraben, indem wir sie der Geborgenheit beraubt haben?

Es ist tatsächlich eine Umgewöhnung, sowohl für unsere Kinder als auch für uns selbst. Sie braucht Zeit und fordert vielleicht auch ihren Tribut. Aber wir sollten uns selbst nicht mit Schuldgefühlen belasten; denn schließlich ist es ja nicht so, daß wir nicht versucht hätten, die Trennung zu vermeiden! Was wir jedoch tun können, ist, ihnen viele Informationen und noch mehr Sicherheit zu geben. Wenn sie wissen, was sie zu erwarten haben und daß sie in der Übergangsphase Unterstützung bei uns finden, dann werden unsere Kinder uns zeigen, wie anpassungsfähig sie sind.

Ich helfe meinen Kindern, wieder ein Gefühl der Geborgenheit und Sicherheit zu entwickeln.

Ich war ganz deprimiert, als ich an die Zukunft dachte, deshalb ging ich hin und kochte Marmelade.

D. H. Lawrence

Wenn wir an die Zukunft denken – und an all unsere damit verbundenen Ängste –, fühlen wir uns plötzlich ganz niedergeschlagen. Je mehr wir darüber nachdenken, um so schlimmer fühlen wir uns. Wir werden von der dicken schwarzen Wolke unserer schlimmsten Befürchtungen und Ängste heruntergedrückt, sind gefangen in einer nach unten führenden Spirale, aus der es kein Entkommen gibt.

Unseren Weg hinaus finden wir, indem wir uns zwingen (ja, uns zwingen), etwas Ablenkendes und Entspannendes zu tun, das uns Spaß macht. Etwas, das zumindest ein paar Augenblicke lang dabei hilft, unsere Aufmerksamkeit auf etwas anderes zu richten. Ich persönlich backe. Ich werfe mich auf einen Haufen Schokoladenplätzchen, kämpfe mit dem klebrigen Teig an meinen Fingern, lecke die Schüssel aus und hole den ersten heißen Keks aus dem Ofen – ein unfehlbares Mittel, um mich in bessere Stimmung zu versetzen.

Es ist gut, wenn man etwas zu tun hat, mit dem man seine niedergeschlagene Stimmung bekämpfen kann. Was wirkt bei Ihnen?

Ich verjage die trüben Stimmungen.

Im Unglück lernt man sich selbst kennen.

A.

«Ich war erstaunt, als ich bemerkte, wie stark ich wirklich bin!» sagt Lisa, als sie daran zurückdenkt, wie sie die ersten sechs Monate nach ihrer Scheidung überstanden hat. «Ich war sicher, daß ich zusammenbrechen würde, aber das geschah nicht», sagt Nan. Helen, die gerade frisch geschieden ist, stimmt zu und sagt: «Ich war am Boden zerstört, aber ich rappelte mich auf und setzte mein Leben wieder neu zusammen. Und darauf bin ich stolz. Wenn jemand mir früher gesagt hätte, wie gut ich solch eine schlimme Zeit handhaben würde, hätte ich gesagt, daß er verrückt ist.»

So ist es häufig. In Unglückszeiten müssen wir ein Maß an Stärke und Mut aufbringen, von dem wir vielleicht noch nicht einmal wußten, daß wir es besitzen. So kommen wir mit unserem innersten Kern in Berührung. Wir entdecken, woraus wir gemacht sind, und schreiten mit gestärktem Selbstbewußtsein voran.

Ich lerne mein innerstes Wesen kennen.

Weigere dich, ein Opfer zu sein.

Margaret Atwood

Das ist vielleicht der wichtigste Rat in diesem Buch. Warum? Weil es leicht ist, sich nach der Trennung wie das Opfer zu fühlen. Wir glauben, uns besser zu fühlen, wenn wir denken: «Das ist mir passiert, entgegen meinen Wünschen. Er hat unsere Beziehung zerstört. Ich bin verzweifelt, allein und deprimiert, weil er mein Leben zerstört hat.»

Um unser Leben zu verändern, müssen wir dem Drang, uns zu Opfern zu machen, widerstehen, selbst wenn wir wirklich glauben, daß das, was geschehen ist, sein Fehler war. Mit einer Ausnahme: Wenn er uns mißhandelt hat, dann ist es wichtig, zu wissen, daß man ein Opfer war.

Wenn wir das getan haben, bleibt uns immer noch die Aufgabe, die volle Verantwortung für unser Leben zu übernehmen – für das Gute ebenso wie für das Schlechte. Für die Freuden ebenso wie für die Enttäuschungen. Für die Entscheidungen, die wir in der Vergangenheit getroffen haben und die zu diesem Augenblick führten, sowie für diejenigen, die wir jetzt treffen und die unsere Zukunft formen, von diesem Augenblick an.

Ich bin kein Opfer.

Als ich sehr jung war, verliebte ich mich sehr heftig. Ich glaubte allen Ernstes, daß ich niemals wieder so fühlen würde ... und neun Jahre später empfand ich doch wieder so, nur noch viel tiefer als vorher.

Isak Dinesen

Werden wir uns jemals wieder verlieben? Werden wir jemals wieder die Freude empfinden, die Ekstase, wenn wir uns einem anderen Menschen hingeben – mit ganzem Herzen und ganzer Seele?

Ja. Aber es wird anders sein als beim ersten Mal – der Sturm, die Erregung, die Naivität junger Liebe kommt vielleicht nie mehr wieder.

Statt dessen erleben wir eine tiefere, reifere Intimität, die das Ergebnis unserer Erfahrung ist. Da wir schon vorher einmal geliebt haben, verstehen wir vollkommen, was jetzt erforderlich ist. Da wir zuvor schon einmal geliebt haben, wissen wir eher zu schätzen, was für ein wirklich seltenes Geschenk die Liebe ist.

Ich werde meine nächste intime Beziehung mit neuer Reife gestalten.

Wenn du glücklich bist, dann sorge dafür, daß man es auf deinem Gesicht sieht.

Life's Little Instruction Book (Kleiner Ratgeber des Lebens)

Wenn wir daran gewöhnt sind, mit gerunzelter Stirn durchs Leben zu gehen, haben wir die Fähigkeit, zu lächeln, vielleicht vollkommen abgelegt – selbst wenn wir in relativ guter Stimmung sind.

Wenn wir ein Lächeln überstreifen, kann das auf unsere Einstellung Wunder wirken. Es ist anstekkend: Wir lächeln, und die Menschen lächeln zurück. Wenn wir lächeln, dann fühlen wir uns leichter und sind eins mit uns selbst.

Machen Sie folgendes Experiment: Gehen Sie an einem Spiegel vorbei, werfen Sie sich mit gerunzelter Stirn einen Blick zu. Wie fühlen Sie sich? Jetzt wiederholen Sie das Ganze, aber diesmal lächeln Sie. Und wie fühlen Sie sich jetzt?

Wenn wir lächeln, dann übermitteln wir der Welt die Botschaft, daß wir offen dafür sind, uns gut zu fühlen und Neues kennenzulernen. Und wir übermitteln die Botschaft an uns selbst, daß wir auf dem Weg der Genesung sind.

Ich werde häufiger lächeln.

Menschen, die sich nichts anmerken lassen wollen, fällt es verdammt schwer, zu lächeln.

Judith Guest

Wenn wir uns nichts anmerken lassen wollen, so ist das ein weiterer Grund, warum uns das Lächeln schwerfällt. Unter unserer mühevoll aufrechterhaltenen Maske versuchen wir, nicht zu weinen, nicht zuzulassen, daß uns unsere Trauer überwältigt.

Wenn Sie das Gefühl haben, daß Sie eine Maske tragen und daß Ihr Mund sich zu einer dünnen Linie zusammenpreßt, versuchen Sie, Ihr Gesicht zu entspannen. Achten Sie darauf, wie Ihre Mundwinkel sich nach unten senken. Achten Sie darauf, wie sich Ihre Augen mit Tränen füllen.

Lassen Sie den Tränen freien Lauf, damit Sie später wieder lächeln können.

Wenn ich meine Traurigkeit zulasse, kann ich irgendwann auch wieder lächeln.

Versuch nicht, ein perfektes Mädchen zu sein. Gib dein Bestes, aber ohne allzu viel Angst oder Druck.

Jesse Barnard

Wenn ich diese Worte höre, dann möchte ich am liebsten meinen Computer ausschalten und mich mit einer Tasse Tee auf der Couch zusammenrollen, um eine Weile zu lesen.

Wir bemühen uns so sehr und lassen uns so wenig Spielraum. Wir verwechseln unser Bestes mit einem Ideal von Perfektion und schaffen auf diese Weise Angst, Streß und Überanstrengung, weil wir versuchen, alle zu übertreffen.

Aber unser Bestes zu geben, bedeutet, uns auch eine Pause zu gönnen. Es bedeutet, zu sagen: «Ich habe es versucht, ich habe das gegeben, was ich konnte, jetzt ist es Zeit, mich auszuruhen und mich zu belohnen.»

Was haben Sie heute getan, das Ihr Bestes widerspiegelt, auch wenn es vielleicht nicht perfekt war? Haben Sie sich selbst eine Belohnung gegönnt?

Heute belohne ich mich mit einer Pause.

Als Peter mich verließ, waren die negativen Gefühle, die in mir hochkamen und in meinem Inneren explodierten, furchteinflößend.

Eileen Caddy

Selbstsüchtig. Undankbar. Frigide. Langweilig. Schlechte Mutter. Häßliches Biest.

Häßliche Worte, aber sie sind nicht schlimmer als die Flüche, die uns nach unserer Trennung noch in den Ohren klingen.

Es ist unmöglich, sie zum Schweigen zu bringen oder zu ignorieren. Statt dessen müssen wir sie zulassen. Sagen Sie sie laut vor sich hin, oder schreiben Sie sie nieder. Dann können Sie sich ihnen Auge in Auge stellen und sich mit der Wahrheit auseinandersetzen: Ich bin nicht selbstsüchtig, ich habe getan, was ich tun mußte. Ich bin nicht frigide, es erschien mir nur nicht länger richtig, mit ihm zu schlafen. Ich bin keine schlechte Mutter, ich habe meine Entscheidungen im Hinblick auf meine Kinder getroffen. Ich bin nicht häßlich, nur weil er aufgehört hat, mich attraktiv zu finden.

Selbst die schlimmsten Beschimpfungen verlieren ihre Wirkung, wenn wir uns ihnen stellen, verstehen, woher sie kommen, und sie dann loslassen.

Ich werde seine gemeinen Kommentare nicht verinnerlichen.

Listen Sie die zehn unfreundlichsten Ratschläge auf, die Sie nach Ihrem Verlust bis jetzt erhalten haben.
Melba Colgrove, Harold H. Bloomfield, Peter McWilliams

Die Autoren von *Liebeskummer ist so schön. Gedanken zum Trost* nennen folgende Beispiele: 1. Du suhlst dich richtig im Schmerz, stimmt's? 2. Er ist es nicht wert. 3. Bist du etwa immer noch nicht darüber hinweg? 4. Du badest doch nur im Selbstmitleid.

Diese Bemerkungen sind herablassend, beschämend und verurteilend.

Wir brauchen Zeit, uns in unserem Leid zu suhlen, wenn wir von unserer Trauer und unserem Schmerz überwältigt werden. Wir brauchen Zeit, um unseren Verlust zu spüren, denn er war es wert, was nicht heißt, daß wir weiterhin mit ihm hätten zusammenleben wollen, nur daß es einen Grund gab, warum wir mit ihm zusammen waren, und zwar einen guten. Wir brauchen tatsächlich Zeit, um darüber hinwegzukommen, auch wenn die Worte «darüber hinwegkommen» implizieren, daß wir mehr hätten tun sollen. Und schließlich brauchen – und verdienen – wir eine gewisse Zeit, um uns leid zu tun.

Achten Sie einfach nicht darauf, wenn Sie solche Bemerkungen zu hören bekommen. Sie helfen Ihnen nicht weiter und sind einer Reaktion nicht wert.

Es gibt keinen genauen Zeitplan für meine Genesung.

Leiden sind die Geburtswehen, die wir beim Übergang zu einem besseren Leben durchmachen.

John E. Boodin

Dieses Zitat erinnert uns an die Schmerzen, die wir während der Geburt unseres Kindes durchmachen mußten.

Ähnliche Schmerzen erleiden wir, wenn wir nach der Trennung den Übergang in unser neues Leben vollziehen. Wir sind voller Trauer, weil wir unsere Beziehung aufgegeben haben. Wir fühlen uns zu Tode erschöpft von dem immer stärker werdenden Schmerz, der mit unserer wachsenden Unabhängigkeit zusammenhängt. Nur mit Mühe sind wir der großen physischen und emotionalen Aufgabe, unser neues Selbst zur Welt zu bringen, gewachsen.

Auf der anderen Seite entdecken wir die Gelegenheit, eine neue, erfüllende Liebesbeziehung einzugehen. Wir finden innere Stärke und Mut, da wir uns allein durchs Leben schlagen müssen. Und neue Kraft, weil wir eine der größten Herausforderungen unseres Lebens hinter uns gebracht haben: Wir haben uns dieser Herausforderung gestellt, sie überlebt und triumphiert.

Während ich mich durch meinen Schmerz quäle, bringe ich mein neues Selbst zur Welt.

Seien Sie sanft und großzügig zu sich selbst.

Martha Vanceburg

Es ist wichtig, sehr sanft und großzügig zu sich selbst zu sein. Sanft mit sich selbst umzugehen, bedeutet, uns nicht zu sehr unter Druck zu setzen und nicht zuviel von uns zu erwarten. Es bedeutet, daß wir uns selbst vergeben, wenn wir kratzbürstig, ungeduldig oder schlecht gelaunt sind. Es bedeutet, uns besondere Nachsicht entgegenzubringen und uns jede Menge Liebe zu schenken. Seien Sie großzügig. Gönnen Sie sich gutes Essen, warme Schaumbäder und die Gesellschaft guter Freunde. Seien Sie großzügig, wenn Sie Ihre Schritte nach vorn belohnen – ob es nun kleine Schritte oder große Sprünge sind. Geizen Sie nicht mit Anerkennung und Lob. Und vor allem, seien Sie großzügig, indem Sie sich tagtäglich daran erinnern:

Ich mache das großartig!

Ich bin keine Schönheit, ich werde immer älter, ich habe gerade genug Geld, um die nächsten zwei Monate zu überstehen, und ich habe Angst vor dem Alleinsein, aber ich würde lieber sterben, als hier zu sitzen und so zu tun, als ob alles in Ordnung wäre.

Nora Ephron

Für viele von uns geht es genau um das. Wir haben uns geweigert, noch eine Minute länger so zu tun, als ob alles in unserer Beziehung in Ordnung wäre.

Aber bevor wir die Konsequenzen ziehen konnten mußten wir uns der Liste unserer Ängste stellen, den Titel «Warum ich meine Beziehung nicht b den kann» trägt. Meine Liste beinhaltete fo Dinge: 1. Niemand wird mich je wieder wollen. 2. Meine Kinder werden einen Sc Leben davontragen. 3. Ich weiß nicht, wie Kontoauszug liest oder sein Konto 4. Meine Eltern werden sich für mi 5. Wer wird vor dem Haus Schnee schi wird mich zum Arzt fahren, wenn es mi geht?

Jede von uns hatte ihre eigene Liste mit Gründen, warum es unmöglich war, ihn zu verlassen. Und jede von uns hat trotzdem einen Weg gefunden, es zu tun.

Im Laufe der Zeit entdecken wir, daß sich sogar die schrecklichsten Hindernisse als überwindbar herausstellen.

Keine weiteren Täuschungsmanöver mehr.

»Für Planungsfehler der Bahn werden wir keinen Cent bezahlen: Mir gäbet nix.«

Fritz Kuhn, designierter Stuttgarter Oberbürgermeister, zu Nachzahlungen für das Bauprojekt Stuttgart 21

17. September

Wenn ein geschiedener Mann bei einer geschiedenen Frau liegt, liegen vier Seelen in seinem Bett.

Talmud

Das gleiche trifft bei einem Rendezvous zu. Noch einige Zeit nach unserer Trennung ist der Geist unseres Exmannes anwesend: Wir werden von der Erinnerung an seine Berührung heimgesucht, wenn unsere neue Flamme zum ersten Mal den Arm um uns legt. Wir hören, wie seine Stimme uns ins Ohr flüstert: «Ich kann nicht glauben, daß du dich für einen Buchhalter mit Fliege interessierst!» Wir reagieren immer noch empfindlich auf das, womit er uns verletzt hat. Deshalb neigen wir zu Überreaktionen, wenn unser neuer Bekannter unabsichtlich die Fehler unseres Exmannes wiederholt.

Wir wissen, daß wir nur auf vergangene Enttäuschungen reagieren, wenn wir unseren gegenwärtigen Begleiter ständig mit unserem Exmann vergleichen, übersensibel reagieren und unsere frühere Beziehung zur Sprache bringen.

Das alles sind Zeichen, um geduldiger zu werden. Jede neue Beziehung verdient einen neuen, sauberen Beginn.

Ich werde warten, bis ich vollkommen bereit bin, die Vergangenheit ruhen zu lassen.

Jeder muß einem anderen Menschen etwas bedeuten, um überhaupt jemand zu sein.

Malcolm S. Forbes

Dieses Zitat nagt richtig an mir! Ich fühle mich von der Aussage beleidigt, daß wir nur dann «jemand» sein können, wenn wir jemandem verbunden sind, d. h. Teil eines Paares sind.

Das ist eine der gefährlichsten Vorstellungen in unserer Kultur. Und das beginnt schon in frühen Jahren. Ich sehe, wie aufgeregt meine fast zwölfjährige Tochter ist, wenn sie gefragt wird, ob sie mit einem Jungen in der Schule «gehen» will. (Erinnern Sie sich an Ihren ersten Freundschaftsring und die damit verbundene Aufmerksamkeit, ganz zu schweigen vom offensichtlichen Neid Ihrer Freundinnen?) «Ich habe das Gefühl, etwas Besonderes zu sein, weil ich die Freundin eines Jungen bin», sagt meine Tochter.

Wir müssen erkennen, und zwar ohne den Schatten eines Zweifels, wie viel wir wert sind, ob mit oder ohne Partner. Jede von uns hat ihren Wert und ihre Bedeutung. Ob wir nun jemandem «etwas bedeuten» oder nicht, wir sind in jedem Falle etwas Besonderes.

Ich bin jemand, ob mit oder ohne Partner.

Wenn die Zeit zwanzig Jahre zurückgedreht würde und ich unter den gleichen Umständen vor den gleichen Entscheidungen stünde, würde ich mich genauso verhalten wie damals.

Herzog von Windsor

Vor ein paar Jahren gab es im Fernsehen eine Umfrage: Wenn Sie die Chance hätten, würden Sie heute den gleichen Menschen heiraten wie damals?

Die Antwort war erstaunlich: Über siebzig Prozent der befragten Personen antworteten mit nein. Wenn sie die Gelegenheit noch einmal hätten, würden sie sich für jemand anderen entscheiden.

Auf den ersten Blick ist das ein deprimierender Blick auf die Ehe. Aber es gibt einen anderen Grund, warum so viele mit nein antworteten. Und das ist der Wandel. Während unserer Ehejahre verändern wir uns natürlich: Unsere Identität entwickelt sich, unsere Werte wandeln sich, häufig entfernen wir uns vom Partner, weil wir uns selbst näherkommen.

Und hier erkennen wir einen der Vorzüge der Trennung. Statt uns zu wünschen, nicht bei jemandem festzusitzen, der nicht mehr zu uns paßt, haben wir jetzt die Gelegenheit, einen Partner zu wählen, der besser zu dem neuen Menschen paßt, der wir jetzt sind und zu dem wir uns gegenwärtig entwickeln.

Ich bin frei, um neue Entscheidungen zu treffen.

... eine Zeit, zu zerreißen, und eine Zeit, zu nähen.

Der Prediger Salomo 3/7

In der jüdischen Religion wird durch ein kompliziertes Scheidungsritual, das sogenannte «Get», die Trennung der Partner vollzogen. Einer der dramatischsten Augenblicke der Zeremonie ist der, wenn die «Ketubba», der Ehevertrag, zerrissen wird.

Es bricht einem das Herz, doch das Zerreißen des Papiers ist ein perfektes Symbol der Scheidung. Unsere Herzen werden in zwei Teile gerissen. Unsere Familie wird auseinandergerissen. Unsere Leben werden auf vielerlei Weise zerrissen, so daß wir sie flicken müssen.

Wir akzeptieren den Riß und beginnen mit dem langsamen Prozeß des Reparierens. Was früher einmal intakt war, muß jetzt geflickt werden. Die gezackten Kanten dessen, was zerrissen ist, erinnern uns an die Narben, die bleiben werden.

Ich werde geduldig sein und die Zeit abwarten, die notwendig ist, damit mein Herz heilt.

Ich habe immer noch das Gefühl, daß die Dinge gar nicht richtig passiert sind, solange ich sie ihm nicht erzählt habe.

Anna Quindlen

Das ist einer der häufigsten Verluste, von denen Frauen nach einer Trennung berichten. «Wenn ich früher ins Kino ging, dann bestand die Hälfte des Vergnügens darin, hinterher mit ihm darüber zu streiten», sagt eine Frau, die es immer noch nicht über sich bringen kann, sich einen Film allein anzusehen.

Es gibt keine Möglichkeit, den Schmerz darüber, daß wir ihn vermissen, vollkommen loszuwerden. Er ist nicht mehr da, um mit uns die Ereignisse und Sorgen des Tages durchzugehen, um uns Denkanstöße zu geben und seine Meinung zu sagen. Es tut einfach nur weh, die vertraute Kameradschaft verloren zu haben.

Obwohl keiner unseren Partner ersetzen kann, können wir uns mit anderen Menschen austauschen. Wir haben Freunde, mit denen wir über Filme sprechen können, und Kollegen, mit denen wir über das Büro sprechen können. Es erfordert größere Anstrengungen, aber wenn wir uns darauf konzentrieren, dann können wir immer jemanden finden, mit dem wir die Kleinigkeiten unseres Alltags teilen können.

Ich bin nicht allein.

Gib mir Geduld, Herr. Aber beeil dich.

Text einer Grußkarte

Ungeduldig warten wir darauf, daß unser Leben sich zum Guten wendet. Alles braucht so verdammt viel Zeit. Es ist schwer, abzuwarten und darauf zu vertrauen, daß sich unsere Geduld irgendwann bezahlt macht.

Warum können wir uns nicht einfach dazu entschließen, daß wir über ihn hinweg sind? Warum können wir unsere Niedergeschlagenheit nicht einfach hinter uns lassen? Warum können wir nicht einfach neu anfangen und sagen: «Dies ist ein ganz neuer Tag, ich bin bereit, von Neuem zu beginnen.»?

Wir können. Aber wir brauchen Energie, Geduld und die Motivation, unser Leben verbessern zu wollen, und wir müssen unseren verzweifelten Drang aufgeben, das alles in möglichst kurzer Zeit zu schaffen.

Ich versuche, geduldig zu sein.

Gerüchte sind unberechenbar, ihr Ursprung ist nicht zu erkennen, und sie sind ansteckend.

Margot Asquith

Nach siebzehnjähriger Ehe, drei Kindern und einem Leben, das sie als «fast ideal» beschrieb, kam Theresa im Alter von siebenunddreißig Jahren eines Nachmittags von der Arbeit zurück und fand einen Zettel von ihrem Mann Jack vor: «Ich habe mich in meine Sekretärin verliebt und möchte die Scheidung.»

Theresa erzählte mir nicht nur in allen Einzelheiten, was sonst noch auf dem Zettel stand, sie zog ihn sogar aus ihrer Handtasche und zeigte ihn mir, als ich sie im Supermarkt traf. Warum? Sie erklärte es mir: «Ich erzähle jedem genau, warum Jack mich verlassen hat. Wenn man hinterher über mich klatscht, muß man nichts mehr erfinden, das schlimmer wäre als die Wahrheit.»

Viele von uns haben von Gerüchten gehört, die über unsere Scheidung oder Trennung verbreitet wurden. Menschen tratschen nun mal gern. Aber Klatsch ist schädlich und verletzend. Also, wie können wir uns dagegen zur Wehr setzen, daß man hinter unserem Rücken über uns spricht? Indem wir es ignorieren. So schwer es ist, die beste Methode besteht darin, vor Klatsch und Tratsch die Ohren zu verschließen.

Ich werde mich nicht über das dumme Gerede anderer ärgern.

Mein Motto lautet: «Mit wenig zufrieden, doch immer mit dem Wunsch nach mehr.»

Charles Lamb

Nach einer Trennung sind wir uns unserer Wünsche besonders bewußt: Wir wünschen uns finanzielle Sicherheit. Jemanden, der uns liebt. Ein Gefühl der Geborgenheit, wenn wir an die Zukunft denken. Doch wir müssen unsere Wünsche mit unserer Dankbarkeit in Einklang bringen, müssen für ein Gleichgewicht zwischen Zufriedenheit und Sehnsucht sorgen, müssen das schätzen lernen, was wir haben, und unseren Blick fest auf das richten, was wir uns erhoffen.

Zufriedenheit ist nicht das gleiche wie Gleichgültigkeit. Wenn wir zufrieden sind, dann haben wir unseren Frieden mit dem gemacht, was wir haben. Gleichgültigkeit jedoch bedeutet, daß wir nicht länger das verfolgen, was wir uns wirklich wünschen.

Je zufriedener wir sind, um so weniger verzweifelt fühlen wir uns und desto größer ist die Chance, daß unsere Träume wahr werden.

Meine Dankbarkeit öffnet das Tor zur Erfüllung meiner Wünsche.

Wenn dein Weg sich gabelt, geh weiter.

Yogi Berra

Yogi Berra ist immer gut für Ratschläge, die für fast alle von uns unter allen möglichen Umständen befolgbar sind. Aber gerade jetzt, da uns Unentschlossenheit lähmt, sind seine Worte besonders nützlich.

Vor Furcht können wir uns weder für den einen noch für den anderen Weg entscheiden, so daß wir auf der Stelle treten. Wir sind verletzt worden und zögern, Entscheidungen zu treffen, Risiken einzugehen, eine der beiden Weggabelungen zu wählen.

Aber wir müssen weitergehen. Ob wir nun ein neues Heim schaffen, eine neue Beziehung beginnen oder die Chance einer Beförderung am Arbeitsplatz ergreifen, wir müssen unsere Furcht überwinden und den einen oder den anderen Weg gehen – im Vertrauen darauf, daß es gar keinen falschen Weg geben kann.

Solange ich in Bewegung bleibe, kann ich mich für jeden Weg entscheiden.

Es könnte erheblich schlimmer kommen.

Joyce Carol Oates

Wie wahr! Wir könnten krank sein. Unsere Kinder könnten Probleme haben. Wir könnten arbeitslos oder bankrott sein. Wir könnten das Opfer einer Naturkatastrophe werden und gezwungen sein, unser Leben neu aufzubauen.

Natürlich vermag es uns kaum zu trösten, wenn wir unser momentanes Befinden an unserer schlimmsten und schrecklichsten Vorstellung messen. Aber manchmal ist es einfach das einzige, was wir tun können. Wenn es hilft, sich vorzustellen, um wieviel schlimmer es sein könnte, dann ist das ein legitimes Mittel. Aber es kann ebenfalls helfen, daran zu denken, um wieviel besser das Leben sein könnte, nicht um uns selbst zu entmutigen, sondern um uns anzuspornen, alles in unserer Macht Stehende zu tun, diese Vorstellung zu verwirklichen.

Ich werde versuchen, das, was ich durchmachen muß, im richtigen Verhältnis zu sehen.

Wenn man einen alten Junggesellen liebt, hat man keine Chance.

Jean Harris

Im Falle der Mörderin Jean Harris war es tatsächlich chancenlos, einen alten Junggesellen, Dr. Tarnhower, zu lieben – wenn man es denn so nennen kann. Er war hinterher tot und sie im Gefängnis.

Zugegeben, ihre Tat ist extrem. Doch Jean Harris spricht aus Erfahrung. Erfahrung, aus der ich ebenfalls schöpfen kann, habe ich mich doch kürzlich in einen dreiundvierzigjährigen Junggesellen verliebt, der auf vielerlei Weise dem in ihrem Buch beschriebenen Menschen ähnelt. Er ist sehr eigen, was seinen Lebensstil betrifft. Sein Kühlschrank ist immer leer. Er besitzt keinen Staubsauger, aber er staubt seine geliebten Stereo-Lautsprecher mindestens vier Mal am Tag ab.

Auf der anderen Seite kann man eine Menge zugunsten eines alten Junggesellen sagen: Er weiß, wie er seine Wäsche selbst macht; er ist dankbar, wenn ich ihn am Rücken kratze; er hat keine Kinder, mit denen ich klarkommen muß; und wenn ich ihn frage: «Wie kommt es, daß du nie geheiratet hast?», antwortet er: «Ich habe auf dich gewartet» – was mein Herz zum Schmelzen bringt.

Im großen und ganzen können alte Junggesellen die Mühe sehr wohl wert sein. Verlockend? Sehr. Liebenswert? Absolut.

Alte Junggesellen geben hervorragende Ehemänner ab.

Man kann das Visa-Konto nicht mit der American-Express-Karte belasten.

P. J. O'Rourke

Es passiert leicht, daß man nach einer Trennung Schulden macht. Wir erhöhen unseren Kredit, um uns eine neue Garderobe zu finanzieren oder weil wir eine luxuriöse Wohnung mieten, die wir uns nun wirklich nicht leisten können.

All diese Extras sind wunderbar – und Gott weiß, daß wir sie im Moment verdient haben –, aber sie sind es nicht wert, daß wir uns ihretwegen in den Ruin treiben.

Hier ein paar Warnsignale, wenn wir unsere Finanzen nicht mehr unter Kontrolle haben: 1. Wenn wir es vermeiden oder ganz aufhören, unser Konto auszugleichen. 2. Wenn wir alle Rechnungen zu spät bezahlen. 3. Wenn wir lügen, wenn wir gefragt werden, wieviel wir ausgeben. 4. Wenn wir einen Kredit aufnehmen, um unsere Rechnungen zu bezahlen. 5. Wenn die Finanzfrage Panik in uns auslöst.

Kontrolle über unsere Finanzen gewinnen wir nur mit Ehrlichkeit uns selbst gegenüber, mit dem Mut, andere um Hilfe zu bitten, und mit der Bereitschaft, unsere Gewohnheiten zu verändern.

Ich werde auf meine Ausgaben achten und Vernunft walten lassen.

Mein Traum ist, acht Kilo abzunehmen, mir das Haar wachsen zu lassen und ihn dann zufällig zu treffen, wenn ich gerade mit einem fabelhaft aussehenden Mann unterwegs bin.

Nancy T.

Wenn wir die «Verlassene» sind, dann träumen wir vielleicht davon, eines Tages einfach atemberaubend auszusehen, so daß er uns schließlich anfleht, zu ihm zurückzukehren. Wir träumen davon, daß er zur Besinnung kommt und ihm endlich klar wird, daß er den größten Fehler seines Lebens gemacht hat. Und wenn wir diejenige waren, die ihn verlassen hat, dann ist diese Vision ebenso verführerisch.

Erinnern Sie sich an das Ende des Films *Wie wir waren*? Fünf Jahre nachdem sie sich getrennt haben, trifft Robert Redford an einer verkehrsreichen Straßenecke zufällig auf eine blendend aussehende Barbra Streisand; man kann fast hören, wie er denkt: «Junge, warum hab ich das nur vermasselt!»

Oder vielleicht wollen wir auch nur, daß er das denkt. Wie auch immer. Es ist ein harmloser Traum, der uns ein gutes Gefühl gibt.

Er soll sich vor Kummer verzehren!

Wir bleiben so oft im Haus, weil wir auf das Telefon warten. Ich habe das Gefühl, wieder ein Teenager zu sein ...

Anne Tyler

Wir waren erleichtert, unsere Teenagerjahre hinter uns gelassen zu haben. Jetzt stellen wir fest, daß wir beinahe die gleichen Probleme wie damals haben: Wir warten darauf, daß das Telefon klingelt. Wir wünschen uns, daß jemand uns bemerkt, uns zum Abendessen einlädt und mit uns ins Kino gehen will. Wir verstecken uns auf einer Party mit lauter Pärchen im Badezimmer und sind so verlegen und unsicher, als ob wir wieder sechzehn wären.

Natürlich sind wir das nicht. Wir sind um einiges älter. Wir haben das Selbstvertrauen, die Selbstsicherheit und die Fähigkeit, hervorragend zurechtzukommen, auch wenn das Telefon nicht klingelt.

Unterdessen ist ein Anrufbeantworter ein lebensrettendes Instrument. Er gibt uns die Freiheit, zu kommen und zu gehen, ohne uns Sorgen darüber machen zu müssen, ob irgend jemand angerufen hat.

Ich brauche nicht mehr darauf zu warten, daß das Telefon klingelt.

OKTOBER

Wenn jemand von uns verlangt, daß wir uns keine Sorgen mehr machen sollen, dann ist das am wenigsten geeignet, uns zu beruhigen.

Mignon G. Eberhart

«Mach dir keine Sorgen. Es wird schon alles gut werden.» Diese Worte hören wir häufig, von Freunden, von Verwandten, von fast jedem in unserem Leben, dem unser Wohlbefinden am Herzen liegt. Aber wenn uns gesagt wird, daß wir uns keine Sorgen machen sollen, dann ist das weder besonders beruhigend noch hilfreich; tatsächlich hat es oftmals den gegenteiligen Effekt. Vielleicht fassen wir die Aufforderung, uns keine Sorgen zu machen, als Druck auf. Vielleicht fassen wir sie als Kritik auf: «Mach doch nicht gleich aus einer Mücke einen Elefanten.» «Worüber mußt du dir denn schon Sorgen machen? Weißt du denn nicht, daß es auch Leute mit richtigen Problemen gibt?»

Aber wir machen uns Sorgen. Und das aus gutem Grund. Wir sorgen uns um unsere Finanzen, unsere Beziehungen, unsere Kinder, unsere Zukunft und darum, ob wir uns jemals wieder glücklich und geborgen fühlen werden.

Ich habe das Recht, mir Sorgen zu machen, bis ich mich wieder sicher fühle.

Worte können zerstören.

Jeanne Kirkpatrick

«Einer der besten Ratschläge, die mir eine Freundin nach der Scheidung gab, war der, darauf zu achten, was ich über meinen Ex sage», erinnert sich Marisa. «Unglücklicherweise hörte ich nicht auf sie. In einem Augenblick der Wut beschimpfte ich meinen Mann bei einem Telefonat mit meinem Anwalt, wie es im Buche steht. Zu spät bemerkte ich, daß meine Kinder in die Küche gekommen waren und jedes Wort gehört hatten.»

Häßliche Beschimpfungen können sehr verletzend sein, besonders, wenn sie aus dem Zusammenhang gerissen werden. Hier gilt die goldene Regel: Es spielt keine Rolle, wie bitter unsere Beziehung geendet hat, wir wollen ja schließlich auch nicht beschimpft werden, deshalb sollten wir darauf achten, was wir sagen. Wir können denken, was wir wollen, aber warum sollten wir irgend etwas aussprechen, das uns hinterher leid tut und einholen kann?

Ich werde der Versuchung, meinen Ex zu beschimpfen, widerstehen.

Die Wahrheit ist wie eine Operation, so weh sie auch tun mag, sie heilt.

Han Suyin

Es schmerzt, sich der nackten Wahrheit zu stellen, besonders wenn die Wahrheit nicht schön ist oder unserem Selbstbild nicht besonders schmeichelt. Aber solange wir unsere Fehler rationalisieren und unsere Schuld verleugnen, sind wir gezwungen, uns zu verteidigen, selbst wenn wir es besser wissen.

Absolute Aufrichtigkeit ist die Grundlage für unsere Genesung. Wenn der «Staub», den unsere Trennung aufgewirbelt hat, sich wieder legt, prüfen wir ehrlich, wann wir gemein oder böse waren. Wann unser Benehmen alles andere als anständig war. Wann wir uns selbst enttäuschten und daraufhin wünschten, ein anderes Verhalten an den Tag gelegt zu haben.

Die Wahrheit zu sagen – sowohl uns selbst als auch denen gegenüber, die wir verletzt haben – ist keine Bestrafung. Eher ein notwendiger Schritt in unserem Weiterentwicklungsprozeß.

Ich bin bereit, mich meiner Schuld an unserer Trennung ehrlich zu stellen.

Bei Menschen, die durch die Hölle gegangen sind, entdeckt man häufig eine fast transzendentale Freiheit, denn sie haben die Hölle durchlebt und sie überlebt.

Carol Pearson

Menschen, die durch die Hölle gegangen sind, die Leid oder Tragödien überstanden haben, erscheinen einem manchmal ungewöhnlich zuversichtlich, in sich ruhend und selbstsicher.

Ganz ähnlich steht es mit Frauen, die eine Scheidung oder Trennung überstanden haben. Sie erreichen oft ein neues Maß an innerem Frieden, denn sie haben ihre eigene Hölle durchlebt.

Zu überleben gibt uns Kraft. Wir sind gezwungen, uns auf unsere inneren Ressourcen zu besinnen und zu entdecken, aus welchem Stoff wir gemacht sind. Wir überraschen uns selbst mit unserer Stärke und Widerstandskraft. Die Hölle zu überleben befreit uns, wir sind weniger ängstlich und wissen tief in unseren Herzen, daß wir die Kraft haben, die notwendig ist, um hinterher zu triumphieren, egal, was sich uns in den Weg stellt.

Jetzt weiß ich, wie stark ich wirklich bin.

Schwestern geben Kraft.

Robin Morgan

Dieser Slogan wird häufig mit der sogenannten Frauenbewegung assoziiert, und seine Botschaft ist besonders in der Phase einer Trennung von Bedeutung.

Viele von uns haben die Unterstützung und die Freundschaft von Frauen lange gepflegt und in Ehren gehalten und sind in Zeiten wie diesen für die Unterstützung dieser Frauen besonders dankbar. Wenn wir jedoch keinen Kreis enger Freundinnen haben, dann ist jetzt der richtige Moment, sich einen zu schaffen.

Denn Schwestern – ob in Form einer besten Freundin, der Mütter in der Nachbarschaft, einer kirchlichen Frauengruppe oder einer Selbsthilfegruppe für geschiedene Frauen – geben Kraft. Es ist tröstlich, zu wissen, daß wir nicht allein sind, daß wir unsere Gefühle mit gleichgesinnten Frauen teilen können. Und es gibt uns Kraft, anderen Frauen die Hand zu reichen – ob auf politischer oder sozialer Ebene –, und zwar einfach nur, um zu helfen, zu heilen und die Erlebnisse der anderen zu respektieren.

Solidarität ist ein wirkungsvolles Heilmittel.

Sonntagnachmittage sind die längsten Nachmittage von allen.

Carson McCullers

Früher waren die Sonntagnachmittage vielleicht der Höhepunkt des Wochenendes; wir faulenzten, tranken Kaffee und lasen die Zeitung, sahen ein wenig fern, brunchten endlos lang mit Freunden, bevor wir am Montagmorgen wieder zur Arbeit gingen.

Jetzt erscheint einem der Sonntag wie eine Ewigkeit. Die Stunden dehnen sich aus. Wir zögern, andere Menschen anzurufen, aus Angst, in deren «Familienleben» hineinzuplatzen. Wir lesen die Zeitung – sogar die Kleinanzeigen! – und erwarten den nächsten Morgen und die Arbeit, wo wir uns zumindest nicht ganz so allein fühlen.

Natürlich muß ein Sonntagnachmittag nicht so freudlos sein. Was für ein idealer Zeitpunkt, um sich ins Café zu setzen und ein faszinierendes Buch zu lesen, während man einen doppelten Milchkaffee genießt. Oder Stunden im Museum zu verbringen, sich Immobilien anzusehen oder eine lange Fahrradtour um den See zu machen. Man braucht Motivation – man muß sich selbst aus der Melancholie und dann aus der Tür stoßen. Wenn wir einmal dahin gekommen sind, liegt eine ganze Welt vor uns, die es zu erforschen gilt.

Sonntagnachmittage können eine überraschend glückliche Zeit sein.

Kein Tag ist so schlimm, daß man ihn nicht mit einem Nickerchen verbessern könnte.

Carrie Snow

Wenn wir uns einfach nicht dazu aufraffen können, unseren Sonntagnachmittag erfreulicher zu gestalten, warum kuscheln wir uns dann nicht unter die Bettdecke und machen einen dreistündigen Nachmittagsschlaf?

Schlaf kann eine außerordentlich stärkende Wirkung haben, wenn wir nicht unter Termindruck stehen. Wir haben die Freiheit, mitten in einem Zeitungsartikel bei laufendem Fernseher einzuschlummern und von selbst wieder wachzuwerden, wenn unser Körper den Schlaf bekommen hat, den er braucht.

Wenn wir wieder aufstehen, fühlen wir uns fast immer besser als vorher. Schlaf kann unsere Alltagsprobleme nicht lösen. Aber ein guter langer Nachmittagsschlaf macht sie etwas erträglicher.

Mir fällt alles etwas leichter, wenn ich ausgeruht und entspannt bin.

Alte Erinnerungen sind blaß, wenn man sie nicht teilen kann.

Jewelle Gomez

Wenn unsere Trennung besonders bitter war, dann haben wir wahrscheinlich wenig Interesse, gemeinsam mit unserem Ex in Erinnerungen zu schwelgen. Wenn wir aber ohne Streit voneinander geschieden sind und immer noch Kontakt zueinander haben, entweder als Freunde oder als Eltern, dann werden wir irgendwann vielleicht wieder über unsere gemeinsamen Erfahrungen reden, zusammen darüber lachen, weinen oder uns einfach nur an die Augenblicke der Zärtlichkeit erinnern.

Diese bittersüßen Unterhaltungen können außerordentlich heilsam sein, wenn wir uns daran erinnern, was uns zusammenhielt. Sie können aber auch gefährlich sein, wenn sie Streit auslösen oder unser Gefühl des Verlustes noch verstärken. Es sind Erinnerungen – nicht mehr und nicht weniger. Wenn wir sie sicher mit unserem Ex teilen können, dann ist das großartig. Wenn wir sie statt dessen mit einer Freundin oder einem Therapeuten durchsprechen, so ist das auch gut. Solange wir nicht in der Vergangenheit steckenbleiben oder uns in ihr verlieren.

Ich werde meine Erinnerungen pflegen, ohne den Blick für die Realität zu verlieren.

Kaum glauben wir, uns ein angenehmes Leben geschaffen zu haben, da entdecken wir auch schon ein Stück von uns selbst, das nicht hineinpaßt.

Gail Sheehy

Das ist möglicherweise ein Grund, warum wir uns von unserem Partner getrennt haben: Wir haben uns ein angenehmes Leben geschaffen, eine Beziehung, ein Heim, eine Familie, die «funktionierte», und plötzlich mußten wir feststellen, daß ein wichtiges «Stück» unserer Persönlichkeit nicht hineinpaßte.

Wahrscheinlich haben wir uns alle Mühe gegeben, damit alles stimmte – indem wir die Ecken und Kanten unserer Persönlichkeit unterdrückten oder abschnitten, die das unbeschwerte Leben unserer Beziehung bedrohten. Indem wir uns nicht bewegten, um das Boot nur ja nicht zum Kentern zu bringen. Indem wir unsere grundlegenden Bedürfnisse außerhalb unserer Beziehung zu erfüllen suchten, statt offen deren Befriedigung zu fordern und damit den vermeintlichen Frieden unserer Beziehung zu gefährden.

Es hat nicht funktioniert. Schließlich wurde uns klar, daß wir alle Facetten unserer Persönlichkeit anerkennen mußten, um eine gesunde Beziehung zu haben.

Nachdem wir uns entschlossen haben, zu gehen, ist es jetzt doppelt wichtig, allen Seiten unseres Selbst zu ermöglichen, zu blühen und zu gedeihen.

Ich kann mein Selbst nicht beschneiden, nur um geliebt zu werden.

Sich «einzuspinnen», ist das Bedürfnis, sich vor der harten, unvorhersagbaren Realität der Außenwelt zu schützen.

Faith Popcorn

Dieser Begriff, der in den neunziger Jahren besonders populär geworden zu sein scheint, beschreibt den Trend in unserer Gesellschaft, zu Hause zu bleiben, mit der Fernbedienung im Bett zu liegen, den Stubenhocker zu spielen und dadurch immer sicher innerhalb der eigenen Schutzzone zu bleiben.

Der Begriff ist durchaus passend. Und in Übergangszeiten ist es besonders verführerisch, sich «einzuspinnen», besonders wenn wir uns niedergeschlagen, einsam und verloren fühlen. Es ist leichter, zu Hause zu bleiben und mit einer Tiefkühlpizza vor dem Fernseher zu sitzen, statt mit den Aufgaben zu kämpfen, die in der Welt draußen auf einen warten.

Aber es ist nicht immer die beste Idee. Egal, wie behaglich und sicher wir uns in unserem Kokon fühlen, es gibt Zeiten, in denen wir aus unserem Schutzmantel ausbrechen müssen. Dabei sollten wir immer daran denken, daß wir jederzeit nach Hause zurückkehren können, falls es uns zu schwer fällt.

Ich werde tun, was ich tun muß – innerhalb der Grenzen der Vernunft –, um es behaglich und sicher zu haben.

Manchmal muß man einfach darauf vertrauen, daß man sein Geheimnis lang genug bewahrt hat.

Anne Cameron

Ein Geheimnis kann uns auch über den Tod der Liebe hinaus in einer Beziehung festhalten. Vielleicht bindet auch uns ein Geheimnis an unseren Partner: Schulden, sexuelle Probleme oder andere «Leichen im Keller». Und vielleicht hatten wir durch dieses Geheimnis das Gefühl, in der Falle zu sitzen, denn Offenheit wäre in unserem Fall außerordentlich peinlich gewesen. Vielleicht haben wir sogar die Mißhandlungen verheimlicht, die wir durch unseren Partner erlitten, weil wir Angst vor der Kritik unserer Umwelt oder vor seinen Vergeltungsmaßnahmen hatten.

Vielleicht haben wir jetzt so einen Tiefpunkt erreicht oder sind einfach nur dermaßen verletzt, daß wir nicht länger schweigen können. Vielleicht haben wir auch nur unsere eigene Isolation und Angst satt. Wir sollten jedenfalls darauf vertrauen, daß wir unser Geheimnis lang genug bewahrt haben und daß wir, wenn wir die Wahrheit enthüllen, die Liebe und Unterstützung bekommen, die wir brauchen.

Ich lasse mich nicht von Geheimnissen einsam machen.

Nur gesunde Menschen sind bereit, zuzugeben, daß sie verrückt sind.

Nora Ephron

Es sind meist die gesündesten Menschen, die bereit sind, professionelle Hilfe in Anspruch zu nehmen.

«Es geht mir doch gut», sagen Sie jetzt vielleicht, «und außerdem, was kann ein Therapeut mir schon sagen, das ich noch nicht weiß?» Vielleicht haben Sie recht. Wenn Sie das Gefühl haben, daß Sie wirklich gut funktionieren und keine Therapie brauchen, kann ich Ihnen nur alles Gute wünschen.

Wenn Sie jedoch andererseits beständig niedergeschlagen, wütend oder überfordert sind, dann kann professionelle Hilfe Ihnen wirklich zugute kommen. Nicht, weil der Therapeut Ihnen etwas erzählen wird, das Sie schon wissen, sondern damit Sie Gelegenheit haben, Ihren Gefühlen freien Lauf zu lassen, Ihre Entscheidungen zu überdenken, und wertvolle, kompetente Anregungen bekommen.

Sie haben nichts zu verlieren, aber alles zu gewinnen.

Ich werde mir Hilfe verschaffen, wenn ich sie brauche.

Wiedersehen sind immer mit unangenehmen Spannungen belastet, wenn man versucht, mit Hilfe der Erinnerungen einen Funken der alten Gefühle wiederzubeleben.

Anita Shreve

Wenn wir nicht sämtliche Bande mit unserem Ex gelöst haben, dann werden wir ihn wahrscheinlich sporadisch wiedersehen, bei einem Abendessen, vor Gericht oder einfach nur an der Haustür, wenn er die Kinder abholt oder wieder zurückbringt.

Diese Zusammentreffen können sehr anstrengend sein. Seine bloße Anwesenheit entfacht unseren Zorn aufs Neue. Blitzartig kommen uns all die Gelegenheiten in den Sinn, bei denen er uns verletzt oder betrogen hat. Wir sind traurig. Oder schlimmer noch: Obwohl wir uns anstrengen, empfinden wir nichts. Wie können wir einem Menschen jetzt so wenig Liebe und Leidenschaft entgegenbringen, für den wir früher einmal so viel empfunden haben?

Wir liebten ihn. Und wir tun es nicht mehr. Das bedeutet, daß wir ein weiteres Trennungsstadium hinter uns gebracht haben. Wo früher unser Zorn allgegenwärtig zu sein schien, fühlen wir nun die Trauer darüber, wie wenig Liebe übriggeblieben ist.

Das Verschwinden meiner Liebe für ihn macht mich traurig, aber es erleichtert mir auch das Loslassen.

Eine sinnvolle Arbeit ist ein großes Glück.

Rita Mae Brown

Inmitten all der Dinge, mit denen wir uns auseinandersetzen müssen, kann Arbeit uns unter Druck setzen oder aber eine willkommene Ablenkung darstellen, mit deren Hilfe wir unser Selbstwertgefühl steigern können.

Jetzt ist der ideale Zeitpunkt, um sich in die Arbeit zu stürzen. Alles, das unser Selbstwertgefühl steigert, ist es wert, daß wir uns jetzt dafür engagieren.

Aber eine kleine Warnung will ich trotzdem aussprechen: Arbeit kann auch ein Suchtmittel sein und eine zerstörerische Wirkung haben. Wenn wir uns in unsere Karriere stürzen, um dem Leid auszuweichen, dann verlängern wir einfach nur den unumgänglichen Schmerz, den jeder von uns durchleben muß.

Arbeiten Sie hart – arbeiten Sie lang –, solange es Ihnen dabei hilft, sich gut zu fühlen. Aber nicht so hart, daß Sie die tatsächlichen Gefühle in Ihrem Inneren ignorieren.

Ich werde meine Arbeit nicht zur Droge werden lassen.

... und dann die Beziehungen, in die wir geraten, um aus denen herauszukommen, bei denen wir nicht genug Mut besitzen, um sie zu beenden.

Julia Phillips

Trotz unseren Bemühungen, uns mit Würde und ohne das Sicherheitsnetz einer anderen Beziehung aus der gegenwärtigen zu lösen, haben wir uns vielleicht doch verliebt, um unsere Beziehung leichter beenden zu können.

Wir sollten uns nicht schuldig fühlen oder uns schämen, wenn wir uns jetzt in einer solchen Konstellation wiederfinden. Es ist kein Verbrechen, wenn Sie eine zusätzliche Motivation oder das Gefühl neuer Geborgenheit brauchten, um ihn zu verlassen.

Wie auch immer, wir müssen uns den Tatsachen stellen und ehrlich sein, und zwar nicht nur uns selbst gegenüber, sondern auch dem Menschen gegenüber, den wir unabsichtlich in unsere Trennung hineingezogen haben. Wir richten mehr Schaden an, wenn wir die Fassade aufrechterhalten.

Also, wenn Sie eine romantische Beziehung mit jemandem unterhalten, der Ihnen als «vorübergehender Halt» diente, dann beenden Sie sie. Oder geben Sie der Beziehung eine andere Richtung, bevor sie noch enger wird.

Er kann mir ein guter Freund sein.

Beziehungen, die nicht friedlich beendet werden, enden niemals.

Merrit Malloy

Wenn unsere Beziehung im Streit oder im Zorn geendet hat, dann haben wir vielleicht Mühe, einen Schlußstrich zu ziehen. Unsere Streitereien gehen noch lange, nachdem er gegangen ist, in unserem Kopf weiter. Wir käuen die alten Auseinandersetzungen wieder und versuchen zu beweisen, daß wir im Recht waren und daß er im Unrecht war. Vielleicht finden wir es schwierig, ja unmöglich, neue Beziehungen einzugehen, weil die offenen Wunden uns immer noch quälen.

Deshalb müssen wir alles in unserer Macht Stehende tun, um unseren Schmerz loszuwerden, und zwar nicht, indem wir uns mit unserem Ex auseinandersetzen, sondern indem wir uns mit uns selbst versöhnen. Indem wir unsere Beziehung nun auch auf der Gefühlsebene beenden. Indem wir ihm ebenso wie uns selbst den Schaden, den wir angerichtet haben, vergeben. Und indem wir uns bewußtmachen, daß wir alles getan haben, um unsere Probleme zu lösen, inklusive des letzten Schrittes, nämlich zu akzeptieren, daß man nichts mehr machen kann.

Ich vergebe uns beiden.

Mitleid ist etwas Zerstörerisches.

Martha Graham

Wir wollen Anteilnahme, kein Mitleid, was für andere Menschen eine schwierige Unterscheidung sein kann.

Doch für uns ist die Unterscheidung sehr wichtig. Anteilnahme ist tröstlich, ohne uns herabzuwürdigen. Sie ist Ausdruck des Verständnisses, das andere Menschen uns entgegenbringen, weil wir schwere Zeiten durchmachen und sie es bedauern, daß wir sie durchstehen müssen.

Was nicht das gleiche ist, wie ihnen leid zu tun. Es ist peinlich und zermürbend, bemitleidet zu werden. Häufig endet es damit, daß wir genau den Menschen, die uns zu helfen versuchen, versichern, daß wir uns gut fühlen.

Anteilnahme hingegen ist leichter zu ertragen. Zu wissen, daß sich jemand für uns interessiert, gibt uns das Gefühl, geliebt zu werden und als Mensch nicht weniger wert zu sein, nur weil wir so viel durchmachen müssen.

Ich will kein Mitleid.

Man muß Zeiten der inneren Taubheit durchmachen, die schwerer zu ertragen sind als Trauer.

Anne Morrow Lindbergh

Wenn unsere Scheidung noch aussteht oder unsere Trennung noch recht frisch ist, dann fühlen wir uns innerlich vielleicht immer noch taub. Leer. Uns fehlt jegliches Gefühl, was in mancherlei Hinsicht tatsächlich schwerer zu ertragen ist als die Wut oder die Trauer, die einsetzen, wenn wir die Realität einmal verstanden haben.

Diese Taubheit lähmt uns. Wir können es uns nicht leisten, irgend etwas zu empfinden. Zorn und Trauer würden uns befreien, aber wir können nichts tun, um sie zu erzwingen.

Wir fühlen uns leer, bis wir bereit sind, die Intensität unseres Schmerzes zu empfinden. Das ist die Methode der Natur, um uns zu schützen. Wir fühlen so lange nichts, bis wir bereit sind, den Schmerz zu ertragen, der uns das Gefühl gibt, daß unser Herz bricht.

Meine Taubheit ist ein notwendiger Schutz vor dem Schmerz, den ich noch nicht bereit bin, zu empfinden.

Männer heiraten häufig ihre Mütter.

Edna Ferber

Nachdem ich mich von zwei Männern habe scheiden lassen, die beide, auf ihre eigene Art, einen Mutter-Ersatz suchten, bin ich erstaunt, wie entscheidend diese Beziehung zwischen Mutter und Sohn zu sein scheint. Warum beklagen sich erwachsene Männer so häufig darüber, «unter Druck» zu stehen, «verschlungen» zu werden und «ihren Freiraum» zu vermissen, als ob sie immer noch kleine Jungs wären, die auf ihre Mütter reagieren?

Als Mutter eines neunjährigen Sohnes bin ich darüber besonders besorgt. Ist der Individuationsprozeß der Söhne von ihren Müttern so hoffnungslos überladen, daß alle Jungen, ungeachtet ihrer eigenen Bemühungen, sich im Erwachsenenalter unausweichlich jeder Intimität in einer romantischen Zweierbeziehung widersetzen?

Ich hoffe nicht. Denn solange erwachsene Männer damit fortfahren, krampfhaft an ihren Müttern festzuhalten, ist es unmöglich, eine gesunde, langanhaltende, intime Beziehung mit ihnen einzugehen, die wir Frauen uns wünschen und deren wir fähig sind.

Ich bin kein Mutter-Ersatz.

Liebe hatte für beide aufgehört, eine Reise, ein Abenteuer, eine Geschichte der Hoffnung zu sein.

Margaret Drabble

Das ist sicher die traurigste und typischste Situation von allen: Ehen, die mit einem Wimmern statt mit einem Knall enden. Ehen, die an Langeweile und Stagnation gestorben sind. Die Aufregung ist vergangen, die Leidenschaft verflogen.

Viele Eheberater gehen davon aus, daß die Mehrheit aller Ehen aus genau diesem Grund scheitern. Und oft gilt das gleiche auch für Beziehungen ohne Trauschein. Wie eine Frau, die seit einem Jahr geschieden ist, es formuliert: «Statt als Liebespaar hätten wir genausogut als Wohngemeinschaft durchgehen können.» Eine andere Frau sagt: «Ich hatte das Gefühl, daß unsere Ehe einen langsamen, elenden Tod starb und daß ich mit ihr starb.»

So traurig es auch sein mag, einige Beziehungen enden einfach. Das Stürmische, die Aufregung, die geteilten Hoffnungen und Träume und die Erregung versickern einfach – aus mangelnder Energie oder aus mangelndem Interesse. Keiner hat schuld. Jedem tut es leid.

Manchmal stirbt die Liebe einfach.

Der sicherste Weg, wie man Liebe gewinnt, ist der, so auszusehen, als ob man sie nicht brauchte.

Ellen Glasgow

Und der sicherste Weg, wie man einen neuen Job gewinnt, ist der, schon einen zu haben. Und der sicherste Weg, einen Kredit zu bekommen, ist der, sich sorgfältig zu kleiden und so auszusehen, als ob man finanziell abgesichert ist.

Das ist ein gemeiner Trick. Wie sollen wir jemals genug Selbstbewußtsein ausstrahlen, wenn wir uns unsicher fühlen? Eine Maske wird fast immer durchschaut, und die Anstrengung verlangt uns mehr ab, als es wert ist.

Außerdem, warum sollten wir vorgeben, verliebt oder desinteressiert zu sein, wenn wir es nicht sind? Es kann die gegenteilige Wirkung haben, einen möglichen Verehrer entmutigen, der nicht weiter auf uns zugeht, weil er Angst davor hat, zurückgewiesen zu werden.

Es ist besser, unsere Maske fallen zu lassen und der Welt unsere Verletzlichkeit und unsere Bedürfnisse zu zeigen. Wenn wir «wir selbst» sind, auch wenn wir uns unsicher fühlen, macht uns das keineswegs zum Verlierer. Viel wahrscheinlicher ist es, daß wir die Zuneigung eines Menschen gewinnen werden, der uns so mag, wie wir sind.

Jeder, der meiner wert ist, wird mich so mögen, wie ich bin.

Wenn man einen Mann niemals mehr wiedersehen will, dann sage man ihm: «Ich liebe dich. Ich will dich heiraten. Ich will Kinder mit dir haben.»

Rita Rudner

Diese Worte – so wahr sie auch sein mögen – machen mich wütend! Ich hasse den Gedanken, daß Verabredungen nach einer Trennung oder Scheidung von Unehrlichkeit belastet sein sollen: daß wir mit unseren wahren Gefühlen hinterm Berg halten sollen, um ihn nicht «abzuschrecken», Distanz wahren oder nur oberflächliches Interesse vortäuschen sollen, damit er keine kalten Füße bekommt.

Vielleicht ist es eher eine Sache des richtigen Timings als des Schauspielerns. Wenn wir ihn schützen, indem wir unsere wahren Gefühle verbergen, geht der Schuß fast immer nach hinten los; schließlich müssen wir ihm die Wahrheit sagen, damit sich zwischen uns Vertrauen entwickeln kann. Wenn wir uns selbst schützen, so ist das jedoch eine Sache des gesunden Menschenverstandes. Wir können uns entscheiden, ob und/oder wann wir sagen: «Ich liebe dich. Ich will dich heiraten. Ich will Kinder mit dir haben.» Solch intime Geständnisse können wir uns für einen Mann aufsparen, der dazu fähig ist, auf sie zu reagieren.

Ich werde nichts überstürzen.

Es gibt wahrscheinlich nichts, was die Leute blinder füreinander macht, als das Zusammenleben.

Ivy Compton-Burnett

Vielleicht waren wir blind für die Fehler unseres Partners, weil die Wahrheit für uns zu schmerzlich gewesen wäre. Aber jetzt können wir unsere Scheuklappen herunternehmen. Und wenn wir das tun, dann sehen wir ihn und unsere Beziehung, wie sie beide wirklich waren. Im rauhen Licht unserer geschärften Sehkraft sehen wir vielleicht Dinge, die unseren Augen weh tun. Vielleicht ist er ja gar nicht so wunderbar, liebevoll und rücksichtsvoll, wie wir dachten. Vielleicht war unsere Partnerschaft in einem schlechteren Zustand, als wir glaubten.

Wenn wir unsere Scheuklappen abnehmen, dann enthüllt uns das die Wahrheit, die sehr schmerzhaft sein kann. Aber es hilft uns auch bei der Genesung. Wenn wir ihn klarer sehen, erkennen und akzeptieren wir die wahren Gründe für das Ende unserer Beziehung.

In meinem Leben ist kein Platz mehr für Heucheleien.

Die ganze Zeit über klagte ich über seine Abwesenheit von zu Hause oder – noch schlimmer – über seine Abwesenheit, wenn er zu Hause war.

Sonia Johnson

Männer die abwesend sind – ob physisch, emotional oder beides –, sind unweigerlich miserable Partner, und aus diesem Grunde trennen sich viele Frauen von ihnen.

Wenn unsere Ehe oder Beziehung auch so verlief, dann ist es vielleicht wichtig, daß wir uns ins Gedächtnis rufen, wie außerordentlich isoliert wir uns damals fühlten.

Wenn das Haus leer zu sein scheint und wir uns wünschen, daß er an unserer Seite wäre, ist es gut, wenn wir uns daran erinnern, daß er ja gar nicht richtig bei uns war. Wir denken daran, wie einsam wir uns damals fühlten, wenn er eigentlich hätte dasein sollen, aber abwesend war, entweder aufgrund seiner übermäßigen Arbeit, einer Affäre oder einfach nur, weil er sich gefühlsmäßig in sich zurückgezogen hatte.

Ich bin lieber allein, als daß ich mich in einer Beziehung allein fühle.

Ich glaube, letztlich bekommen wir alle, was am besten für uns ist.

Alice Caldwell Rice

Es ist nicht ganz einfach, auf diese Philosophie zu vertrauen, besonders wenn wir im Augenblick nur erkennen, wieviel Schmerz und Leiden wir infolge unserer Trennung durchmachen müssen.

Das Positive einer Trennung enthüllt sich uns erst im nachhinein: die Freiheit, uns nicht länger in einer Situation abzumühen, bei der immer weniger für uns herauskommt; die Freundschaften, Verbindungen und das Netzwerk aus Menschen, die wir geschaffen haben, als wir uns auf neues Terrain wagten; die innere Entwicklung, die wir hinter uns gebracht haben, weil wir uns dem Alleinsein gestellt haben; die intensivierte Spiritualität, die wir erleben, weil wir den Wert und die Bedeutung unseres Lebens hinterfragt haben.

Nichts von all diesen Dingen ist vielleicht offensichtlich oder uns zugänglich, wenn wir mitten im Schlamassel stecken. Und auch jetzt ist wahrscheinlich das einzige, das wir aufbringen können, unser Glaube. Der Glaube, daß unsere Trennung oder unsere Scheidung einen Sinn hat.

Mit der Zeit erkenne ich, daß alles, was geschieht, zu meinem Besten ist.

Wie kann jemand sich das Vergnügen meiner Gesellschaft versagen? Das geht über meinen Verstand.

Zora Neale Hurston

Ungläubigkeit ist oft die erste Reaktion auf das Scheitern einer Beziehung.

Es ist unvorstellbar! Unser Ego kann es nicht fassen, daß jemand, der noch ganz bei Trost ist, unserem Zauber, unserem Intellekt, dem Vergnügen unserer Gesellschaft in den kommenden fünfzig Jahren widerstehen kann.

Und dieses Gefühl ist wichtig, um mit der Situation fertig zu werden, um der erstaunlichen Realität nicht ins Gesicht blicken zu müssen: Irgendwie, auf irgendeine Weise, gelingt es ihm, ohne uns zu überleben.

In unserem Zustand und Stadium der Enttäuschung versuchen wir vielleicht, ihn und uns davon zu überzeugen, daß dem nicht so ist. Wir tun das so lange, bis wir in der Lage sind, mit der Wahrheit zurechtzukommen.

Es gibt Menschen, die meine Gesellschaft zu schätzen wissen.

Die Scheidung ist die einzige menschliche Tragödie, die alles aufs Geld reduziert.

Rita Mae Brown

Und damit nicht genug! Die meisten Frauen sagen, daß die Regelung der Finanzfrage einer der schmerzhaftesten Aspekte der Scheidung ist. Zum einen verursacht die Geldfrage – häufig das Fehlen von Geld – Spannungen, finanzielle Krisen und schlimmstenfalls den Bankrott. Aber die Verbindung von Scheidung und Geld ist auch auf eine andere Weise traurig. Was einmal eine heilige und romantische Beziehung war, wird letztlich auf finanzielle Fragen und Gerichtsurteile reduziert.

Wenn wir uns mit den finanziellen Fragen beschäftigen – wer bekommt das Haus? Wie steht es mit dem Unterhalt für die Kinder? Wieviel ist das Auto wert? –, macht uns das unseren Verlust auf schmerzhafte Weise deutlich. Den Verlust des Vertrauens. Den Verlust gemeinsamer Zukunftspläne. Den Verlust der Liebe.

Aber es geht nicht wirklich um Liebe. Wenn wir jetzt um Geld feilschen, dann tut das der Liebe, die uns einmal verbunden hat, keinen Abbruch. Es ist nur eines der notwendigen Übel einer Scheidung.

Ich werde versuchen, Liebe und Geld klar voneinander zu trennen.

Sie erfindet Dramen, in denen sie immer der Star ist.

Anaïs Nin

Vielleicht vermissen wir das Drama, das in unserer Beziehung allgegenwärtig war, vor allem gegen Schluß. Wir haben vielleicht Streit angefangen, «heiße Eisen» angefaßt, haben Theater gespielt oder eine Affäre begonnen, um ihn dazu zu bringen, zu bemerken, wie unglücklich wir waren.

Das Ende unserer Ehe kann also auch das Ende des Dramas in unserem Leben bedeuten. Ein Ende der Szenen. Ein Ende der Rollen, die wir in unserer eigenen Seifenoper eingenommen haben, mit all ihrer Intensität und ihren Machenschaften. Vielleicht setzen wir mit unserer Scheidung oder einer neuen, stürmischen Affäre ja ein neues Drama in Szene.

Dies ist ein Zeichen, daß wir unseren Gefühlen der Trauer und Leere besondere Aufmerksamkeit schenken müssen. Und unserem Bedürfnis, auch nachdem der Vorhang gefallen ist, weiterhin ein Drama zu inszenieren.

Ich werde keine Krisen schaffen, um vor meinem Schmerz davonzulaufen.

Sich «auszukotzen», ist genau so bezaubernd, wie es klingt.

Fran Lebowitz

Nachdem Sie so viele Seiten in diesem Buch gelesen haben, die Ihnen empfohlen haben, Ihre Geschichte mit anderen zu teilen – wieder und wieder –, nun das! Was soll das?

Es soll folgendes bedeuten: Wenn wir uns «auskotzen», wenn wir quengeln, weinen und herummotzen, wie mies es uns geht, kann das gut oder schlecht sein, je nach Publikum. Bezaubernd ist es keinesfalls. Aber bei einer guten Freundin, einem Therapeuten oder einer Selbsthilfegruppe ist es vollkommen in Ordnung, sich «auszukotzen», weil es zur Genesung beiträgt.

Andererseits wird es wohl kaum helfen und ist außerdem geschmacklos, wenn man alles im Supermarkt, bei einer abendlichen Party oder am Gartenzaun einer Nachbarin rausläßt.

Wir müssen also unser Publikum sorgfältig auswählen, müssen uns im klaren sein, an wen wir uns wenden können, wem wir vertrauen können und wieviel wir erzählen wollen.

Ich werde meine Geschichte nicht jedem aufdrängen.

... es gibt Tage, an denen die Einsamkeit ein Wein ist, der einen mit dem Gefühl der Freiheit berauscht, an anderen ist sie eher wie bitteres Tonic.

Colette

Wir können uns leid tun, weil wir uns so oft wünschen, jemanden an unserer Seite zu haben. Oder wir können unsere Einsamkeit feiern und es zu schätzen wissen, wie großartig es ist, daß wir Zeit für uns allein haben, in der wir alles tun können, was wir wollen: Zeit zum Lesen, Zeit für Tagträumereien, Zeit, um einfach nur aus dem Fenster zu schauen, ohne mit einer Menschenseele zu reden.

Unser Gefühl der Einsamkeit macht uns bitter. Wir sind wütend auf das, was wir vermissen. Wenn wir unsere Einsamkeit willkommen heißen, dann wird uns deutlich bewußt, wie glücklich wir dran sind, alle Zeit, die wir haben wollen, für uns zu haben.

Ich genieße die Zeit, die ich nur in meiner eigenen Gesellschaft verbringe.

Sei Dir selber treu, und daraus folgt, so wie die Nacht dem Tage, Du kannst nicht falsch sein gegen irgendwen.

William Shakespeare, *Hamlet*

Indem wir uns von unserem Partner getrennt haben, waren wir uns selbst treu. Wir haben erkannt, daß uns diese Beziehung nicht länger guttat, daß sie uns nicht die Liebe, die Erfüllung und die Geborgenheit gab, die wir brauchten.

Wir waren uns selbst treu, indem wir den *schweren* Weg gewählt haben, indem wir nicht aus Angst oder Bequemlichkeit mit unserem Partner zusammengeblieben sind, sondern nun unser eigenes Leben führen.

Und in einer neuen Beziehung werden wir uns und unserem neuen Partner gegenüber ebenfalls treu sein, indem wir unsere Bedürfnisse und Wünsche klar zum Ausdruck bringen, indem wir gewissenhaft prüfen, ob sie erfüllt werden.

Und wir werden uns treu sein, indem wir vermeiden, uns auf eine Beziehung einzulassen, die unser Leben nicht bereichert, nur um nicht länger allein sein zu müssen.

Ich bin mir selbst treu.

NOVEMBER

Allein leben ist wie verheiratet sein, nur daß der Mensch, mit dem man klarkommen muß, man selbst ist.

Elin Schoen

Was nicht halb so einfach ist, wie es klingt!

Wenn wir zusammen sind, können wir ihm – oder zumindest unserer Beziehung – die Schuld für unsere Langeweile, unsere Frustration und unsere Probleme zuschieben. Jetzt sind wir nur noch uns selbst gegenüber verantwortlich.

Wenn wir gelangweilt sind, dann müssen wir uns fragen: «Warum?» und müssen selbst nach Anregung und Erfüllung suchen. Wenn wir frustriert sind, müssen wir uns unseren Schwierigkeiten stellen, müssen Lösungen finden, die unsere ganze Kreativität und unseren ganzen Einfallsreichtum erfordern. Wenn wir Probleme in unserer Familie, bei der Arbeit oder in unseren Beziehungen haben, dann müssen wir uns selbst fragen: «Was kann ich tun, um meine Lebensqualität zu verbessern?»

In Krankheit und Gesundheit, in guten und in schlechten Tagen werden wir ständig mit den Aufgaben konfrontiert, die sich aus dem Zusammenleben mit uns selbst ergeben.

Jetzt muß ich lernen, mit mir selbst zu leben.

Es ist häufiger vorgekommen, als ich denken kann, daß Männer, die ich unwiderstehlich fand, sich mehr von meinem Bruder angezogen fühlten ...

Linda Bird Francke

Und es ist häufiger vorgekommen, als ich denken kann, daß ich geschiedene Frauen habe sagen hören: «Jeder halbwegs anständige Mann, den ich treffe, ist entweder verheiratet oder schwul.»

Nun, nicht alle. Aber ein großer Prozentsatz der Männer da draußen ist schlichtweg nicht mehr verfügbar, jetzt da wir wieder auf dem «Markt» sind.

Das kann ganz schön deprimierend sein! Wir erhaschen einen Blick auf einen toll aussehenden Mann in der Buchhandlung, unsere Blicke treffen sich, dann sehen wir, wie seine Frau die Hand besitzergreifend auf seine Schulter legt. Wir sind gerade dabei, uns in einen Kollegen zu verlieben, als wir erfahren, daß er und sein Partner nächsten Monat eine Trauungszeremonie in Holland planen.

Wie soll man sich als Frau da verhalten?

Warten. Es gibt verfügbare Männer, aber je älter wir sind, um so schwieriger ist es, sie zu finden. Wenn wir sie gefunden haben, dann war es meistens die Mühe wert. Aber wir werden auf unserem Weg einige Enttäuschungen zu ertragen haben.

Im Meer schwimmt mehr als nur ein Fisch.

Ich stellte fest, daß ich es in gewisser Weise vermied, mit meinen Kindern über meine bevorstehende Heirat zu sprechen.

Ann P. Harris

Das geht mir genauso!

Während ich mich auf meine bevorstehende Heirat vorbereite, schrecke auch ich davor zurück, mit meinen Kindern darüber zu sprechen. Warum? Weil ich weiß, daß es Gefühle bei ihnen auslöst und nicht alle davon gut sind. Ich habe sie nicht um ihre Erlaubnis oder ihren Segen gebeten. Wenn ich das Thema anschneide, dann reichen ihre Sorgen von der Hausordnung (Wir haben in unserem Haus niemals die Tür hinter uns schließen müssen!) über Erziehungsfragen (Er ist nicht mein Vater!) und Grenzen (Was ist, wenn ich Bauchschmerzen habe und zu dir ins Bett kommen will?) bis hin zur Angst vor dem Verlassenwerden (Was, wenn wir ihn mögen und er dann wieder geht?). Ganz zu schweigen von ihrem Kummer, wenn es immer deutlicher wird, daß ihr Vater und ich tatsächlich geschieden sind – auf immer und ewig.

Frauen, die sich wieder an einen Mann binden, müssen mit den gleichen Problemen zurechtkommen wie ihre Kinder. Vor allem anderen wünschen wir uns, daß unsere Kinder sich sicher und geborgen fühlen. Wir wollen, daß sie ihn mögen, daß er sie mag und daß alles so reibungslos geht wie möglich.

Wir alle brauchen viel Zeit, um uns aneinander zu gewöhnen.

Steven und ich sind eine Familie fürs Leben.

Amy Irving

Die Schauspielerin Amy Irving beschreibt ihre Beziehung zu ihrem Exmann, dem Regisseur Steven Spielberg und Vater ihres Sohnes Max, mit dem Wort «Familie».

Das dürfte der bestmögliche Fall sein, wenn wir aufgrund unserer Kinder oder auch einfach nur aufgrund so vieler Jahre des Zusammenlebens sagen können: «Wir sind eine Familie. Wir bleiben einander auf immer verbunden.»

So funktioniert das aber nicht immer. Unsere Angst sitzt vielleicht zu tief, unsere Wunden sind zu frisch, als daß wir uns auf die Wärme und die Fürsorge einlassen könnten, die familiäre Bindungen mit sich bringen.

Aber wenn wir Eltern sind, dann müssen wir alles in unserer Macht Stehende tun, um wenigstens höflich mit unserem Ex umzugehen. Wir müssen häßliche Szenen auf ein Minimum reduzieren, unsere Konflikte im verborgenen lösen und eine freundschaftliche Einstellung bewahren. Denn, ob wir es nun gut finden oder nicht, wir beide sind die Eltern unserer Kinder.

Wir sind eine Familie fürs Leben.

Ich habe einen Freund, der sich geweigert hat, auf sein zehnjähriges Oberstufentreffen zu gehen, weil er auf dem Anmeldebogen ankreuzen mußte, ob er «verheiratet», «getrennt lebend», «geschieden» oder «alleinstehend» war. Er konnte es nicht ertragen, «geschieden» ankreuzen zu müssen.

Maxine Hong Kingston

Wenn wir geschieden sind, dann haben wir vielleicht keine Lust, an unserem zehn- oder zwanzigjährigen Oberstufen- oder Klassentreffen teilzunehmen. Wir befürchten, daß alle anderen zu zweit kommen werden. Daß wir den ganzen Abend damit verbringen müssen, den Ehemännern unserer Klassenkameradinnen vorgestellt zu werden.

Trotzdem ist es eine gute Idee, hinzugehen. Zum einen können wir uns hübsch anziehen und auf eine Party gehen. Zum anderen bietet sich so eine gute Gelegenheit, uns selbst auf die Probe zu stellen, uns zu beweisen, daß wir es schaffen können. Und schließlich ist es, wenn man die aktuellen Scheidungsstatistiken betrachtet, eine Chance, auf andere Singles zu treffen, alte Freundschaften aufzuwärmen und neue Freundschaften zu schließen. Vielleicht treffen wir sogar unseren alten «Jugendschwarm» wieder, und möglicherweise wird diesmal mehr daraus.

Es gibt nichts, dessen ich mich schämen müßte.

Kluge Frauen wissen: *daß man nach einer Trennung nicht über die anderen Frauen nachdenken sollte, mit denen er vielleicht zusammen sein könnte.*

Steven Carter, Julia Sokol

Ich weiß nicht so genau, ob dieser Ratschlag hilfreich ist. Wie sollen wir verhindern, daß wir darüber nachdenken, wie er sich mit anderen Frauen trifft, ein Rendezvous mit ihnen hat oder mit ihnen schläft? (Nein, vergiß es! Ich werde nicht zulassen, daß ich darüber nachgrüble!)

Unsere Phantasie dreht durch. Hat er sich mit der Kollegin verabredet, die er immer so attraktiv fand? Wie ernst ist es ihm mit der Frau, in deren Begleitung ihn unsere beste Freundin bei einem Fußballspiel gesehen hat? Hat er den Rotschopf angerufen, mit dem er auf jener Party geflirtet hat, kurz bevor wir uns trennten?

Wenn wir uns angestrengt bemühen, uns nicht dauernd mit diesem Thema zu beschäftigen, dann heißt das nicht unbedingt, daß wir tatsächlich aufhören, darüber nachzudenken. Wir können diese Phantasie jedoch mit einer Prise Realität zu bekämpfen versuchen. Jedesmal, wenn sie in unserem Kopf auftaucht, können wir uns sagen: Ich will ihn nicht. Sie kann ihn haben.

Jeder lebt sein Leben.

Sich zu verlieben ist schrecklich einfach, aber sich zu «entlieben» ist einfach schrecklich.

Bess Myerson

Wenn alles vorüber ist, dann ist es folgender Aspekt der Trennung, der uns am meisten zu schaffen macht: daß unsere Liebe zu dem Mann verschwunden ist, der uns früher einmal wildes Herzklopfen verursacht hat, für den wir uns früher stundenlang überlegt haben, wie wir ihm gefallen könnten, von dem wir früher glaubten, daß wir nicht ohne ihn leben könnten.

Es ist einfach schrecklich, sich zu «entlieben». Wenig oder nichts zu empfinden, wo wir früher so viel empfunden haben. Den Schauer und die Erregung ebenso zu verlieren wie das erstaunliche Gefühl, lebendig zu sein, das wir früher einmal in seiner Gegenwart hatten.

Wir werden uns wieder verlieben. Und beim nächsten Mal ist es vielleicht nicht ganz so einfach. Weil wir wissen, wieviel auf dem Spiel steht. Und wir wissen, wie sehr es schmerzt, wenn wir nicht länger sagen können: «Gott, wie sehr ich ihn liebe!»

Es gibt keine Garantien für die Liebe.

Man weiß von einer Ehe nie, wie sie ist, außer von der eigenen ...

Jane Adams

Es ist frustrierend, wenn wir uns anhören, wie andere unsere Beziehung – und unsere Trennung – beurteilen: «Aber du hattest doch die ideale Beziehung.» «Ihr habt euch doch so gut verstanden.» «Deine Ehe war doch besser als die meisten anderen!»

Tatsache ist, daß niemand wirklich den innersten Kern einer Zweierbeziehung durchschauen kann. Keiner kann den Schmerz nachvollziehen, den wir empfunden haben, die Anstrengungen, die wir unternommen haben, die Qual, die wir durchgestanden haben, als wir uns dazu durchrangen, uns von unserem Partner zu trennen. Außerdem ist nachträgliche Kritik an unseren Entscheidungen nicht nur unhöflich, sie schmälert auch unser Selbstvertrauen.

Wenn wir also mit solchen Bemerkungen konfrontiert werden, können wir antworten: «Danke, aber du kannst einfach nicht verstehen, was in meiner Beziehung vor sich ging.»

Ich muß niemandem Rede und Antwort stehen.

Ich erinnere mich an den Tag, als ich meinen Ehering zum ersten Mal nach zehn Jahren abnahm.

Sara Kay Cohen

Und an den Tag, als ich mein Hochzeitsfoto vom Kaminsims herunternahm. Und an den Tag, als ich die Scheidungspapiere erhielt.

Das alles sind Stationen. Und es werden noch mehr kommen: der Tag, an dem wir uns zum ersten Mal verabreden; der Tag, an dem wir auf einem Formular «geschieden» als Familienstand ankreuzen; der Tag, an dem wir die Telefongesellschaft, die Versicherungsgesellschaft und die Banken anrufen und alle Rechnungen auf unseren Namen umschreiben lassen.

Jeder dieser Momente ist schmerzlich. Wir sind traurig über das, was wir verloren haben. Und wir empfinden Dankbarkeit, wenn wir daran denken, wie weit wir gekommen sind und worauf wir uns freuen können.

Jedes neue Kapitel meines Lebens zeigt sich mir, wenn ich bereit bin, es zu eröffnen.

Jetzt denke ich, daß jeder fragen sollte: «Werde ich in dieser Beziehung der Mensch sein, der ich in dieser Beziehung sein will?»

Ali MacGraw

Wenn wir mit dem Gedanken spielen, uns auf eine neue Beziehung einzulassen, dann haben wir die Gelegenheit, uns selbst zu fragen: «In was für einen Menschen entwickle ich mich? Wird diese Beziehung die Frau, die ich jetzt bin, fördern und unterstützen?» Wenn die Antwort ja lautet, dann ist das großartig. Wenn die Antwort nein ist, dann setzen Sie Ihre Suche fort.

Viele von uns haben sich für eine Trennung von ihrem Partner entschieden, weil sie in ihrer Beziehung nicht der Mensch sein konnten, der sie sein wollten. Nachdem wir uns vorgenommen haben, unser wahres Selbst zu pflegen und zu schätzen, dürfen wir es nicht wieder verleugnen, nur um geliebt zu werden.

Mein wahres Selbst zu behüten, ist mein oberstes Gebot, wenn ich eine neue Beziehung eingehe.

Schreiben Sie mehrmals: «Ich lebe. Ich werde überleben.»
Melba Colgrove, Harold H. Bloomfield, Peter McWilliams

Ein guter Rat von den Autoren des Buches *Liebeskummer ist so schön. Gedanken zum Trost.*

Es ist ein sehr wirkungsvoller Ausspruch, der es wert ist, mehrmals am Tag niedergeschrieben zu werden, besonders, wenn wir entmutigt oder aufgewühlt sind.

«Ich lebe. Ich bin jeden Tag aufgestanden. Ich habe gefrühstückt. Ich bin zur Arbeit gegangen und habe eine Menge erledigt, obwohl ich mich niedergeschlagen fühlte.»

«Ich werde überleben. Ich werde auch den heutigen Tag überstehen. Und morgen. Und übermorgen. Und alle folgenden Tage.»

Mit der Zeit können wir hinzufügen: «Ich bin glücklich. Ich sehe der Zukunft voller Hoffnung entgegen. Mir geht es gut.»

Ich lebe. Ich werde überleben.

Andere Menschen können uns so viele Komplimente machen, wie sie wollen, wenn wir insgeheim wissen, daß wir wertlos sind, dann gleiten ihre Worte an uns ab.

Natalie Goldberg

Oder, wie die Autorin Natalie Goldberg es in einem anderen Werk formuliert: «Wir müssen eine gesunde Toleranz gegenüber Komplimenten entwickeln.»

Und deshalb ist es auch so verdammt schwer, die netten Dinge, die andere Menschen über uns sagen, zu glauben und zu verinnerlichen. Schmeichelei macht uns verlegen. Wir wischen sie weg, damit wir anderen nicht eingebildet oder hochnäsig vorkommen. Wir haben Angst, daß andere Menschen uns durchschauen, uns als Hochstapler entlarven werden; daß sie irgendwann erkennen werden, daß wir ihres Lobes nicht würdig sind.

Aber wir sind es! Und wenn wir jemals Lob brauchten, dann jetzt. Wir müssen uns anstrengen. Wir müssen uns engagieren. Aber das nächste Mal, wenn jemand Ihnen ein Kompliment macht, halten Sie inne, atmen tief ein, nehmen die Worte in sich auf und sagen zu sich selbst:

Ich habe Lob verdient.

Es ist schon lustig, wie viele verschiedene Klimazonen man an einem Tag durchlaufen kann.

Anne Morrow Lindbergh

Oder sogar innerhalb einer Stunde. Zunächst sind wir glücklich und erregt, und von einer Minute auf die andere fühlen wir uns von Angst und Furcht zerfressen. Dann klingelt das Telefon, eine Freundin lädt uns zum Abendessen ein, und plötzlich erscheint uns alles wieder hell und hoffnungsfroh.

Das reicht, um uns das Gefühl zu geben, verrückt zu sein. Aber wir sind nicht verrückt. Unsere Gefühle sind einfach nur in einem Zustand des Aufruhrs, stürmisch, unvorhersagbar und so wechselhaft wie das Wetter im April.

Das einzige, was voraussagbar ist, sind die Gefühlsschwankungen, die wir noch eine ganze Weile haben werden. Das braucht uns nicht zu ängstigen. Wir müssen deswegen auch nicht zum Therapeuten eilen. Wenn wir von uns selbst wissen, daß wir einfach nur unvorhersagbar sind, dann ist alles in Ordnung.

Ich weiß, daß meine Stimmung vorübergehend Schwankungen unterliegt.

Jeder Mensch ist ständig damit beschäftigt, seine Vergangenheit zu verändern, indem er sie sich wieder ins Gedächtnis ruft und sie überarbeitet.

Margaret Laurence

Denken Sie mal darüber nach, wie sehr sich Ihre «Version» von Ihrer Partnerschaft in den letzten paar Wochen und Monaten verändert hat.

Wenn wir neue Informationen verarbeiten, sehen wir die Dinge irgendwann anders: «Jetzt, da ich meine eigenen Beweggründe durchschaue, machen einige unserer Streitereien auch Sinn.»

Wenn wir Abstand zu unseren Erfahrungen gewinnen, geben wir ihnen einen anderen Rahmen: «Jetzt, da ich mich von ihm gelöst habe, erkenne ich, warum das Thema Geld für uns so schwierig war.»

Die Zeit heilt unsere Wunden, und nach und nach sind wir besser in der Lage, das Gute mit dem Schlechten zu verrechnen: «Schritt für Schritt erkenne ich, warum ich ihn geliebt habe.»

Wie hat sich Ihre Geschichte – Ihre Wahrnehmung – seit Ihrer Trennung verändert? Welcher Aspekt hat sich am meisten verändert, nachdem Zeit vergangen ist und Sie selbst alles, was Sie durchgemacht haben, in ein anderes Licht gerückt haben?

Ich sehe heute klarer.

Wenn man versucht, einem niedergeschlagenen Menschen zu helfen, dann ist das, als ob man die Arme um jemanden legt, der einen Sonnenbrand hat.

Florynce Kennedy

Freundliche Worte und tröstende Umarmungen haben wir jetzt bitter nötig. Doch so häufig machen wir es uns selbst schwer, ja sogar unmöglich, indem wir den Annäherungsversuchen anderer Menschen unseren Widerstand entgegensetzen. Wir tun es, indem wir immer wieder betonen, daß wir uns gut fühlen, oder indem wir wütend und störrisch reagieren, wenn andere die Hand nach uns ausstrecken.

Wir sträuben uns, weil wir Angst haben, verletzlich und bedürftig zu erscheinen, Angst, verspottet und zurückgewiesen zu werden, wenn wir anderen unsere Gefühle anvertrauen. Unsere Angst verhindert, daß uns die liebevolle Fürsorge zuteil wird, die wir brauchen. Deshalb müssen wir loslassen und zulassen, daß andere Menschen uns umsorgen, und wir müssen darauf achten, sie nicht von uns zu stoßen.

Ich brauche die Fürsorge anderer Menschen.

Wenn Sie die Bewunderung vieler Männer gegen die Kritik eines einzigen Mannes eintauschen wollen, dann los, heiraten Sie.

Katharine Hepburn

Katharine Hepburn zeigt hiermit einen der Vorteile auf, wenn man alleinstehend bleibt: Wir sind frei, die Aufmerksamkeit vieler verschiedener Männer zu sammeln, ohne eine ausschließliche Verpflichtung einem speziellen Mann gegenüber einzugehen.

Für viele von uns war dieser «spezielle» Mann viel zu sehr damit beschäftigt, uns zu kritisieren, und schenkte uns nicht annähernd genug Bewunderung. Wir standen ja geradezu im Kreuzfeuer der Kritik!

Wenn wir uns auf unserem Lebensweg noch einmal entschließen, zu heiraten oder mit einem Mann zusammenzuleben, dann wird es hoffentlich jemand sein, der großzügiger mit seinen Komplimenten als mit seiner Kritik umgeht. Unterdessen baden wir uns im Sonnenschein der Aufmerksamkeit vieler Männer – bei der Arbeit, bei Verabredungen, auf Einladungen – und genießen die Bewunderung.

Meine Chancen verbessern sich ständig.

Ich persönlich bin der Meinung, daß eine Frau, die mit vierundzwanzig Jahren noch nicht den Richtigen getroffen hat, vielleicht glücklich werden kann.

Deborah Kerr

Eine beruhigende Perspektive, besonders für diejenigen unter uns, die bereits dreißig oder vierzig sind und die sich fragen, welche Chancen sie haben, doch noch den Richtigen zu finden.

Nun, den «Richtigen» gibt es nicht, wie wir bereits festgestellt haben. Aber wir können jemanden finden, der besser als unser Ex in der Lage ist, uns die Liebe zu bieten, die wir verdienen. Die Chancen, ihn zu finden, sind jetzt größer als mit zwanzig Jahren. Wir kennen uns selbst besser, und wir wissen, was wir wollen. Wir vertrauen darauf, im Rahmen einer gesunden Beziehung Liebe schenken und empfangen zu können. Vielleicht müssen wir ein paar Anläufe hinter uns bringen – es muß nicht unbedingt der erste Mann sein, den wir treffen –, aber zumindest haben wir eine klare Vorstellung von dem, was wir wollen und wie wir es erreichen können.

Ich bin in einer viel besseren Position, als ich es jemals war, um mich auf eine glückliche und gesunde Beziehung einzulassen.

Der Trick besteht darin, erwachsen zu werden, ohne alt zu werden.

C.

Wir haben vielleicht Bedenken, weil wir uns von unserem Partner getrennt haben und schon auf die Vierzig oder mehr zugehen. Tatsächlich sollten wir uns nicht alt fühlen. Wenn wir den Blick auf unseren eigenen Reifungsprozeß richten, der uns viel Zeit gekostet und viel Erfahrung gebracht hat, fühlen wir uns großartig.

Denn «alt zu werden« und «erwachsen zu werden» sind zwei verschiedene Paar Schuhe. «Alt zu werden», bedeutet, erschöpft zu sein und aufgehört zu haben, die Möglichkeiten zu erkennen, die vor uns liegen, und nicht die Energie zu besitzen, sie wahrzunehmen.

«Erwachsen zu werden» hingegen bedeutet, daß wir offen und selbstbewußt sind und die Fähigkeit besitzen, uns ein erfülltes Leben zu schaffen.

Wie sehen Sie sich selbst? Sind Sie dabei, erwachsen zu werden, oder werden Sie nur älter?

Alles ist nur eine Frage der Einstellung.

Folge deinen Freuden.

Joseph Campbell

Während unserer Partnerschaft wurden wir vielleicht von den Anforderungen des Alltags abgelenkt. Wir haben unsere Wünsche zurückgestellt, ignoriert oder ganz fallengelassen, weil sie mit den seinen kollidierten. Jahrelang haben wir uns alles versagt, was uns ein Gefühl des Glücks, des Friedens und der Vollständigkeit gegeben hätte.

Jetzt ist es Zeit, unseren Leidenschaften Aufmerksamkeit zu schenken.

Was bringt Ihr Herz zum Jubeln? Würden Sie gern tanzen? Dann schreiben Sie sich für einen Anfängerkurs im Ballett ein, oder schließen Sie sich einer Jazztanz-Gruppe an. Haben Sie immer schon daran gedacht, einen Flugschein zu machen? Einen Berg zu besteigen? Dann tun Sie's! Wünschen Sie sich nichts sehnlicher und leidenschaftlicher auf der Welt, als Mutter zu werden? Tun Sie, was nötig ist, um Ihren Traum in Erfüllung gehen zu lassen!

Wir folgen unseren Freuden, geben unserem Herzenswunsch nach, tun das, was wir wirklich wollen, und verfolgen unser Ziel ehrgeizig, um es zu erreichen.

Nichts steht meinen Träumen mehr im Wege.

Man kann nie jemanden überholen, solange man nicht aufgeholt hat.

Lou Holtz

Lou Holtz, Coach einer bekannten Football-Mannschaft in Minnesota, spricht von Football. Aber seine Worte können auch für Beziehungen ihre Gültigkeit haben. Das trifft besonders für diejenigen unter uns zu, die immer noch versuchen, «aufzuholen» und zu ihrem Recht zu kommen, indem sie ihren Ex ebenso verletzen, wie er sie verletzt hat.

Aber ein Ausgleich bringt uns nicht weiter. Solange wir versuchen, «aufzuholen», bleiben wir in der Vergangenheit stecken. Wir bleiben in einem Gefühlskrieg verankert, wenn wir uns auf ihn statt auf uns selbst konzentrieren.

Wenn wir unsere Bitterkeit aufgeben, ebenso wie unseren Zorn, unseren Wunsch, ihm nachzuweisen, daß er im Unrecht war, dann können wir uns wahrhaft auf uns selbst konzentrieren, auf das, was wir brauchen, um glücklich zu werden.

Der wahre Sieg besteht darin, meinen Wunsch nach Vergeltung aufzugeben.

Das Leiden wird überbewertet. Es führt zu nichts.

Billy Veeck

Leiden hat in unserer Gesellschaft eine ganz «gute Presse». Wir erfahren, daß «Leiden uns stark macht», daß «Leiden den Charakter stärkt», daß «Leiden uns bescheidener, mitleidsfähiger und menschlicher macht».

Das mag stimmen. Es erleichtert uns, das unweigerliche Leiden, das wir durchmachen, zu rechtfertigen und zu akzeptieren. Aber wir erreichen einen Punkt, an dem sich das Ganze für uns nicht mehr lohnt. An dem wir uns fragen müssen: «Was ist so großartig daran, sich nachts in den Schlaf zu weinen? Was ist so toll daran, Schmerz zu erleiden?»

Leiden kann, wenn wir nicht aufpassen, zur Gewohnheit werden, zum Lebensstil. Wir werden zu Märtyrern, definieren uns selbst anhand der Härten unseres Lebens.

Wir müssen dafür sorgen, daß es etwas heller um uns herum wird. Wir müssen dafür sorgen, alles ins rechte Licht zu rücken – eine Freundin oder einen Therapeuten um Hilfe bitten, damit wir die Vergangenheit verarbeiten und voller Hoffnung unser Leiden verringern können. Und damit wir all die Gründe erkennen lernen, warum wir über unser Leben froh sein sollten.

Ich habe genug gelitten.

Wenn man sich auf das Negative konzentriert, trägt man nur zu dessen Macht bei.

Shirley MacLaine

Vielleicht stellen wir fest, daß wir aus unseren negativen Gedanken gar nicht mehr herauskommen; selbst nach einigen Wochen, Monaten, vielleicht sogar Jahren sind wir auf die Verletzungen fixiert, die wir während unserer Beziehung erlitten haben. Noch immer leiden wir an den Spätfolgen der Katastrophe.

Wenn wir dem Negativen – unserem Schmerz, unserer Enttäuschung und unserer Angst – eine gewisse Aufmerksamkeit schenken, ist das völlig in Ordnung, solange wir nicht davon heruntergezogen werden. Solange der Schmerz uns nur daran erinnert, daß wir positive Veränderungen vornehmen müssen, um unser Leben zu verbessern.

Wenn aber das Negative überwiegt – uns überwältigt und lähmt –, dann brauchen wir Hilfe. Diese Hilfe kann in Form von Sport oder in Form von emotionaler Unterstützung kommen. Hilfe ist immer zur Hand – aber nur dann, wenn wir den ersten, wichtigen Schritt tun –, wenn wir erkennen, in was für einen Sumpf wir geraten sind, und etwas Positives tun wollen, um uns am eigenen Schopf aus dem Morast zu ziehen.

Ich werde mich nicht in etwas hineinsteigern.

Am schwersten sind diejenigen Dinge zu erklären, die eindeutig und offensichtlich sind, die zu sehen jeder sich geweigert hat.

Ayn Rand

Wenn wir auf unsere Beziehung zurückblicken, steigt vielleicht Wut in uns hoch, weil andere Menschen uns keinen Tip gegeben haben – weil unsere beste Freundin uns nicht gesagt hat, daß er höchstwahrscheinlich eine Affäre hatte; weil unser Therapeut uns nicht geholfen hat, zu erkennen, daß er Alkoholiker war; weil unsere Eltern uns nicht gesagt haben, wie besorgt sie darüber waren, wie er uns behandelte und wie offensichtlich unglücklich wir waren.

Aber es gehört nicht zu den Aufgaben anderer Menschen, ihren Kommentar über unsere Beziehung abzugeben, selbst dann nicht, wenn sie der Meinung sind, daß ihre Enthüllungen hilfreich sein könnten. Außerdem, wie stehen die Chancen, daß wir hingehört hätten? Hätten wir uns nicht über ihre Einmischung geärgert und wütend unsere Beziehung verteidigt?

Schließlich haben wir die Wahrheit doch noch erkannt – unsere Wahrheit –, unabhängig von dem, was andere gesehen, gesagt oder nicht gesagt haben. Die Erkenntnis konnte uns niemand abnehmen. Wir mußten es mit eigenen Augen sehen.

Ich muß die Dinge mit eigenen Augen sehen.

Ich persönlich weiß nichts über Sex, denn ich war immer verheiratet.

Zsa Zsa Gabor

Unglücklicherweise stimmte das für viele von uns, daß die Ehe nichts mit Sex zu tun hat. Die Leidenschaft wurde weniger, als das gegenseitige Vertrauen langsam zerbröckelte. Ständige Streitereien – oder emotionaler Rückzug – ließen uns kalt werden. Wir hatten kein Interesse mehr daran, miteinander zu schlafen. Doch obwohl Sex vielleicht das letzte war, das verschwand, verschwand damit auch unsere sinnliche Erfüllung.

Die gute Nachricht ist, daß wir nun dazu kommen, unseren sexuellen Bedürfnissen mehr Aufmerksamkeit zu schenken. Jetzt haben wir Gelegenheit, den Funken aufs Neue zu entfachen – und diesmal mit jemandem, der unsere physischen Bedürfnisse erfüllt und der den brennenden Wunsch, zu lieben und geliebt zu werden, mit uns teilt.

Ich bin langsam wieder bereit für meine Sexualität.

Es ist wahr, daß ich niemals hätte heiraten sollen, aber ich wollte nicht ohne Mann leben.

Bette Davis

Selbst jene von uns, die sich als «unabhängige Feministinnen» bezeichnen, wurden in dem Glauben erzogen, daß wir einen Mann brauchen, um finanziell abgesichert zu sein, um eine «richtige» Frau zu sein, deren Leben einen Sinn hat.

Jetzt wissen wir es besser. Was nicht bedeuten soll, daß wir keinen Mann in unserem Leben wollen oder brauchen, sondern daß wir auch ohne Mann ganz gut leben können. Hier stellt sich die Frage: Warum überhaupt heiraten oder zusammenziehen? Was sind die Vorteile, wenn man mit einem Mann zusammenlebt?

Partnerschaft. Kameradschaft. Vergnügen. Die Gelegenheit, eine gleichberechtigte Beziehung mit einem anderen Menschen zu schaffen, in dessen Gegenwart wir uns akzeptiert und geliebt fühlen.

Nun, dies sind wohl ganz gute Gründe, um zu heiraten oder zusammenzuziehen. Und noch einmal: nicht weil wir es müssen, sondern weil wir es wollen.

Wenn ich mich wieder an jemanden binde, bewahre ich trotzdem meine Unabhängigkeit.

Man überwindet die Kindheit niemals, solange man noch eine Mutter hat, an die man sich wenden kann.

Sarah Orne Jewett

Es spielt keine Rolle, wie alt wir sind, es ist natürlich, uns wieder in die Arme der Mutter flüchten zu wollen, wenn wir Kummer haben – dort getröstet und beruhigt zu werden und gesagt zu bekommen, daß «alles wieder gut werden wird».

Wenn wir selbst Kinder haben, dann haben wir vielleicht ein besonders starkes Bedürfnis danach, «bemuttert» zu werden, wenn wir unsere Trauer durchleben.

Wenn unsere Mutter noch am Leben ist – und unsere Beziehung zu ihr gesund ist –, dann können wir uns vielleicht an sie wenden und Unterstützung bekommen. Wenn jedoch unsere Mutter für uns nicht erreichbar oder unser Verhältnis zu ihr nicht unbelastet ist, dann müssen wir unsere Gefühle woanders loswerden – bei einer guten Freundin, einem Therapeuten, einem Geistlichen oder einer Selbsthilfegruppe –, wo wir dem «kleinen Mädchen» all die Liebe und Fürsorge verschaffen können, die es braucht.

Das «kleine Mädchen» in uns braucht Fürsorge und Zärtlichkeit.

Gestern saß ich lange und ganz regungslos in einem Feld voller Veilchen ...

Anne Morrow Lindbergh

Wann haben Sie das letzte Mal in einem Feld voller Veilchen gesessen? Wann haben Sie das letzte Mal im Sand gesessen und die Wellen des Ozeans über sich hinwegrollen lassen? Wann haben Sie sich das letzte Mal mit einem Buch unter einen Baum gesetzt oder sich an einen Felsblock gelehnt und in die Ferne geschaut?

Die Natur fördert den Heilungsprozeß. Unsere Ängste werden vom stetigen Rauschen des Wassers, vom süßen Zirpen der Grillen, von den tiefen Wurzeln unter der Eiche vor unserem Fenster beruhigt. Unsere Ängste werden von Sonnenschein und Wind gelindert. Die Bäume, die Felsen und Blumen erfüllen uns mit Hoffnung und Frieden. Wir sind ein Teil des Universums.

Ich schöpfe Kraft aus der Schönheit der Natur.

Es ist besser, uns an unsere Liebe zu erinnern, wie sie im Frühling war.

Bess Streeter Aldrich

Wie möchten wir unsere Liebe in Erinnerung behalten? Ist unser Kopf voll von schmerzhaften, häßlichen Bildern? Denken wir an den schlimmsten Streit? Den fünften Hochzeitstag, an dem wir uns so einsam gefühlt haben? Unsere letzte Therapiesitzung, in der uns klar wurde, daß unsere Ehe zu Ende war?

Oder sind wir in der Lage, unsere besten Erinnerungen zu erhalten – die Zeiten, in denen wir zusammen glücklich waren – und sie fest ans Herz zu drücken?

An was wir uns erinnern und was wir vergessen wollen, ist ganz allein unsere Sache. Wir können uns an unsere Liebe in ihren besten Zeiten erinnern, als es «Frühling» war. Irgendwann war die Liebe vorüber, aber davor, vor langer Zeit, war sie wunderschön.

Ich werde mich an die schönen Zeiten erinnern.

Ich weiß, daß man andere Menschen nicht hassen kann, ohne sich selbst zu hassen.

Oprah Winfrey

Zorn frißt uns innerlich auf. So starke negative Gefühle vergiften unsere Herzen und vermindern unsere Fähigkeit zum Glück.

Schenken Sie dem Gefühl des Hasses das nächste Mal, wenn es in Ihnen hochkommt, mehr Aufmerksamkeit: Beobachten Sie, wie Ihr Gesicht sich verzerrt, wie Ihre Fäuste sich fest zusammenballen, wie Ihr Magen und Ihr Herz schmerzen, wie schlecht Sie sich fühlen.

Wie sollen wir den Haß loswerden? Indem wir es zulassen, daß wir unseren Schmerz zum Ausdruck bringen. Wir weinen. Wir schreien und brüllen. Wir schlagen wütend auf unser Kissen ein und wettern gegen die Ungerechtigkeit, die uns zuteil wurde.

Wenn wir unserem Schmerz freien Lauf lassen, fühlen wir, wie unser Haß – auf den Expartner, auf uns selbst und auf Gott – langsam nachläßt und verschwindet.

Ich werde meiner Wut freien Lauf lassen.

Vergebung bedeutet, zuzugeben, daß wir wie andere Menschen sind.

Christina Baldwin

Eine andere Möglichkeit, wie wir unseren Haß loswerden können, ist die Vergebung.

Wenn wir ihm vergeben, daß er uns Schmerz zugefügt hat. Wenn wir uns selbst vergeben, daß wir uns enttäuscht haben. Wenn wir Gott, den Umständen, dem Schicksal und allen anderen vergeben, denen wir die Schuld zuweisen für das, was in unserem Leben geschehen ist.

Es ist leichter, anderen zu vergeben, wenn wir unsere eigenen Fehler erkennen. Wir vergeben, indem wir akzeptieren, daß wir alle Menschen sind und daß wir alle Fehler machen und haben. Wir alle befinden uns im Prozeß des Wachsens und Lernens. Keiner muß der Sündenbock sein. Wir sind alle nur Menschen und geben unser Bestes.

Ich vergebe ihm. Und ich vergebe mir selbst.

DEZEMBER

Das Leben kann nur im nachhinein verstanden werden, aber es muß im voraus gelebt werden.

Sören Kierkegaard

Es ist Zeit, zurückzublicken und eine Bestandesaufnahme zu machen, wo wir heute stehen, welche neuen Gelegenheiten sich uns geboten haben, welche neuen Beziehungen sich entwickelt haben, was wir durch unsere Trennung gelernt und erreicht haben.

Anfänglich waren wir von unserem Verlust überwältigt, jetzt beginnen wir, zu verstehen, warum es notwendig war, alles aufzugeben, was wir hatten, um das zu erlangen, was wir heute haben.

Jeder von uns hat verschiedene Gewinne zu verzeichnen. Nehmen Sie sich jetzt einen Augenblick lang Zeit, um die wichtigsten aufzuschreiben.

Mein Leben ist reicher geworden.

Die letzte der menschlichen Freiheiten besteht in der Wahl der Einstellung zu den Dingen.

Victor Frankl

Jeder von uns ist selbst verantwortlich für die Einstellung, die wir bezüglich der Scheidung oder Trennung annehmen.

Wenn wir eine miserable Einstellung dazu haben, wenn wir ständig zornig und bitter sind und andere Menschen und äußere Kräfte für den Schmerz, den wir durchgemacht haben, verantwortlich machen, dann sabotieren wir unsere eigene Fähigkeit, Freude zu empfinden. Alles wird durch eine negative Sicht gefiltert; wenn wir mit Schwierigkeiten konfrontiert werden, sagen wir: «Da sieht man es, ich habe halt immer Pech.» Und wenn wir Glück haben, dann sagen wir: «Ein blindes Huhn findet auch mal ein Korn» und erwarten, daß uns das Glück bald wieder verläßt.

Wenn wir jedoch eine positive Einstellung fördern, dankbar sind für den Mut und die Stärke, die wir in widrigen Zeiten an den Tag gelegt haben, dann geben wir uns selbst die Freiheit, ein wunderbares, neues Leben zu beginnen.

Ich werde mich um eine positive Einstellung bemühen.

Vielleicht stünde ich den Problemen von Prinzessin Diana toleranter gegenüber, wenn sie meine Freundin wäre.

Anna Quindlen

Es ist schwierig, Prinzessin Diana aufgrund ihrer in der Öffentlichkeit breitgetretenen Scheidung viel Mitgefühl entgegenzubringen, geschweige denn ihre Gefühle nachzuvollziehen. Wird sie das Diadem behalten dürfen, ein Familienerbstück, das ihr von der Queen hinterlassen wurde? Was ist mit ihrer Zuwendung für Kleidungsstücke in Höhe einer halben Million? Wird sie im Kensington Palast wohnen? Wird sie all die Diener haben, an die sie gewöhnt ist und die sie jederzeit in Anspruch nehmen konnte?

Ich weiß. Die Probleme möchten wir haben.

Wenn wir etwas genauer hinschauen und das betrachten, worum es wirklich geht, dann erkennen wir, wieviel wir tatsächlich mit der berühmtesten Geschiedenen unserer Zeit gemeinsam haben.

Denn trotz dieses ganzen königlichen Rummels ist Prinzessin Diana eine Frau wie wir, am Ende ihrer Ehe erlebt sie genau die gleiche Enttäuschung und den gleichen Schmerz wie wir. Auch sie fragt sich, warum alles so gekommen ist, und macht sich wegen ihrer Kinder Gedanken. Und sie empfindet das gleiche Bedauern und die gleiche Unsicherheit wie wir.

Ich habe Mitleid mit anderen geschiedenen Frauen, ob sie nun Juwelen tragen oder ums nackte Überleben kämpfen müssen.

Wenn man sich schon selbst durchbringen muß, dann sollte man verdammt noch mal eine Möglichkeit finden, es interessant zu gestalten.

Katharine Hepburn

Die Trennung hat uns vielleicht dazu gezwungen, dramatische Veränderungen in unserer Karriere vorzunehmen. Einige von uns mußten sich und ihre Kinder vielleicht zum ersten Mal in ihrem Leben allein ernähren. Vielleicht haben wir den Job gewechselt oder unsere Wochenarbeitszeit verändert, um mehr Geld zu verdienen, uns ein gewisses finanzielles Polster zu schaffen und uns an neue Zeitpläne bei der Betreuung der Kinder anzupassen. Vielleicht haben wir ja auch unsere Berufung neu überdacht und nach der Scheidung eine ganz neue Arbeit in Angriff genommen.

Es macht angst, sich ganz allein um die eigene wirtschaftliche Sicherheit kümmern zu müssen. Andererseits ist es aufregend, Verantwortung für das eigene Leben zu übernehmen, sich für einen anregenden Beruf zu entscheiden. Es erfüllt uns mit Stolz, daß wir vollkommen in der Lage sind, für uns selbst zu sorgen.

Unabhängig davon, welche Wendungen mein Leben nimmt, werde ich immer in der Lage sein, mich selbst durchs Leben zu bringen.

Wer sind die weisen Männer und Frauen in Ihrem Leben? Sie sollten auf irgendeine Weise zumindest mit einem von ihnen Verbindung aufnehmen.

Melba Colgrove, Harold H. Bloomfield, Peter McWilliams

Wenn wir wissen, wer die weisen Männer und Frauen in unserem Leben sind – die Menschen, die alles ins rechte Licht rücken, auf die wir uns verlassen können, die uns wohldurchdachte Ratschläge geben und uns auf unserem spirituellen Weg leiten –, dann hilft uns das, trotz unserer Unsicherheit weiterzugehen.

Verbindung mit unseren «Weisen» aufzunehmen, kann schon etwas komplizierter sein. Manchmal müssen wir direkt um Hilfe bitten, beispielsweise bei einem Geistlichen, einem Rabbi, einem Lehrer, der uns in der Vergangenheit weise Ratschläge gegeben hat. Manchmal müssen wir unseren Stolz herunterschlucken und einem guten Freund unsere Verletzlichkeit zeigen.

Manchmal ist es auch erforderlich, zu meditieren oder zu beten. Wir schließen die Augen und bitten um Führung durch eine höhere Macht oder einen spirituellen Führer. Und manchmal erfordert es einfach nur die Fähigkeit, sich nach innen zu wenden – dem Teil unseres Herzens zu, der weise, ruhig und sicher ist.

Ich höre auf mein Herz, das genau weiß, was jetzt zu tun ist.

Seien Sie freundlich; jeder, den Sie treffen, hat einen harten Kampf zu bestehen.

John Watson

Vielleicht sind wir in unserem Schmerz selbstgerecht geworden; wir haben das Gefühl, daß wir die einzigen sind, die eine solch schlimme Prüfung durchmachen müssen. Wir blicken uns um und sehen, wieviel besser die anderen dran sind, wie problemlos ihr Leben zu verlaufen scheint, wie leicht ihr Leben im Vergleich zum unsrigen ist.

Aber der Schein trügt. Wir haben keine Vorstellung davon, welche Kämpfe diese Menschen in ihrem Leben zu bestehen haben. Wir haben keine Möglichkeit, tief – wirklich tief – in die innersten Winkel ihres Wesens hineinzuschauen, um zu erkennen, was für sie schwierig ist, welchen Herausforderungen sie sich stellen müssen, welche Hindernisse sie überwinden müssen.

Wir können nur annehmen, daß jeder von uns seinen eigenen, einzigartigen Kampf zu bestehen hat. So können wir unsere Mitmenschen entweder verurteilen oder Mitleid mit ihnen haben. Wir können ihnen Sympathie und Verständnis entgegenbringen sowie die gleichen Freundlichkeiten, die uns geholfen haben, als wir am Boden zerstört waren.

Ich bin nicht die einzige, die schwere Zeiten durchmacht.

Ich hätte nie gedacht, daß ich so glücklich sein kann.

Alexa B.

Alexa, eine vierzigjährige Anwältin mit einer Tochter im Pubertätsalter, überraschte sich selbst – und uns –, als sie diese Äußerung in einer Selbsthilfegruppe für geschiedene Mütter von sich gab.

«Es ist, als ob ich ein neues Leben begonnen hätte», fuhr sie fort. «Ich schlafe gut, ich treibe Sport, ein großartiger neuer Mann ist in mein Leben getreten. Ich habe fast Schuldgefühle, daß ich über meine Scheidung so glücklich bin.»

Einige Frauen nickten bestätigend und antworteten: «Nein! Du solltest dich nicht schuldig fühlen. Du bist durch die Hölle gegangen, und jetzt verdienst du es, glücklich zu sein.»

Das stimmt. Auf der anderen Seite einer Trennung steht die Gelegenheit, ein erfüllteres Leben zu führen, sich selbst mehr schätzen zu lernen und die Chance zum Glück, die Chance einer neuen Liebesbeziehung, die Chance eines neuen Lebens.

Ich hätte nie gedacht, daß ich so glücklich sein kann.

Denk daran, wir alle sind allein.

Jane Wagner

Auch wenn andere Frauen sagen: «Ich verstehe, was du durchmachst, ich habe es selbst erlebt», niemand kann uns unseren Schmerz nehmen. Jeder Mensch muß ihn allein tragen. Weil wir tatsächlich allein sind.

Andere Menschen können Mitleid mit uns haben. Aber spät in der Nacht, wenn wir im Bett liegen und unseren Verlust spüren, werden wir allein von der Einsamkeit überwältigt, in jenen schmerzhaften Augenblicken, in denen wir das beweinen, was wir einmal hatten und was wir niemals mehr zurückbekommen werden, tun wir es allein.

Und in unserer Einsamkeit finden wir Stärke. Wir haben die Sache bis jetzt allein durchgestanden und werden es auch weiterhin tun.

Ich habe die Stärke und den Mut, das hier ganz allein zu überstehen.

Und jetzt? Jetzt geht es mir gut, aber manchmal suche ich noch nach dem Schmerz.

Mary Cantwell

Eines Morgens wachen wir auf und merken, daß der scharfe oder dumpfe Schmerz, mit dem wir zu leben gelernt haben, in den Hintergrund getreten ist. Wir lächeln einfach wieder häufiger. Neulich fragte uns eine Freundin mitfühlend: «Wie geht es dir denn?», und wir mußten einen Augenblick lang innehalten, um uns daran zu erinnern, was sie damit ansprechen wollte.

Gratulation! Ein weiterer Schritt nach vorn! Sie haben einen großen Teil der notwendigen Trauerarbeit hinter sich gelassen; jetzt besteht Ihre Aufgabe darin, in die Zukunft zu schauen.

Was nicht bedeutet, daß keine Überreste von Traurigkeit erhalten bleiben. Gelegentlich wird uns der Schmerz wieder heimsuchen: wenn wir alte Fotos herausnehmen, uns an den schrecklichen Tag erinnern, da er auszog, wenn wir einer anderen Frau, die noch mitten in der Scheidung ist, unsere Geschichte erzählen. Der verbleibende plötzliche Schmerz, den wir dann empfinden, erinnert uns an alles, was wir überlebt haben. Doch wenn er uns immer seltener heimsucht, dann wissen wir, daß wir gesund sind.

Ich bin erstaunt, um wieviel besser ich mich fühle.

Wenn man die Ereignisse lang genug zurückverfolgt, merkt man, daß unausweichlich der Zufall ins Spiel kommt.

Hineu

Vielleicht haben wir auch weiterhin viele Fragen danach, wie und warum unsere Beziehung gestorben ist. Wir können uns nicht mehr genau daran erinnern, wann unsere Liebe vorbei war. Waren wir Opfer des Schicksals? Oder gab es etwas, das wir hätten sehen können, das es uns ermöglicht hätte, den Lauf unseres Schicksals zu verändern?

Die Zeit rückt die Dinge ins rechte Licht, so daß wir besser in der Lage sind, den Wechsel der Ereignisse zu verstehen. Wir erkennen, wie unsere Zuneigung nachließ, als wir immer weniger Zeit mit unserem Partner verbrachten. Wir verstehen, daß unsere Vertrautheit weniger wurde, je seltener wir miteinander schliefen. Wir sind vielleicht sogar in der Lage, einen Wendepunkt auszumachen – die Geburt unseres zweiten Kindes, eine Krankheit in der Familie, ein Rückschlag in der Karriere, eine Affäre –, einen speziellen Punkt, an dem das Ende unserer Partnerschaft begann.

Die Zeit hilft uns, zu verstehen, was mit unserer Beziehung passiert ist, nicht damit wir es bedauern, sondern damit wir es uns selbst erklären können.

Langsam kann ich alles verstehen und einordnen.

Mit wie vielen «Wenn» sind Sie aufgewachsen?

Elisabeth Kübler-Ross

Wir alle sind mit den Bedingungen der Liebe aufgewachsen, haben Botschaften erhalten wie: «Du bist nur gut, wenn du jede Menge Einsen schreibst.» «Du bist nur liebenswert, wenn du hübsch aussiehst und die richtigen Dinge sagst.» «Ich kann nur dann stolz auf dich sein, wenn du den ‹Richtigen› heiratest und ein respektables Heim für deine Kinder schaffst.»

Wenigen von uns ist es bis jetzt gelungen, die «Wenn», mit denen wir aufgewachsen sind, vollständig abzuschütteln. Jetzt, nach unserer Trennung, klingen sie laut in unseren Ohren. Jetzt müssen wir mehr denn je darum kämpfen, das Gefühl zu überwinden, daß wir nicht gut genug, klug genug, liebenswert genug sind, welches auf all den «Wenn» beruht, die wir jahrelang verinnerlicht haben.

Und so können Sie sie bekämpfen: Jedesmal, wenn so ein «Wenn» vor Ihnen auftaucht, sagen Sie sofort zu sich selbst:

Ich bin gut, so wie ich bin.

Kluge Frauen wissen: *Nach der Trennung sollte man über die eigenen positiven Eigenschaften nachdenken, die er niemals zu schätzen wußte.*

Steven Carter, Julia Sokol

Welche Ihrer guten Eigenschaften wurden von Ihrem Partner ignoriert, nicht gebührend geschätzt oder unterbewertet?

Können Sie großartig mit Kindern umgehen, nur daß er es nie bemerkt hat? Sind Sie eine hervorragende Freundin, was er ablehnte, weil es ihn bedrohte? Sind Sie stolz darauf, wie gut Sie malen können? Auf Ihr Naturtalent beim Schreiben? Auf Ihre Gemeindearbeit, über die er die Nase rümpfte?

Fangen Sie sofort damit an: Lernen Sie Ihre guten Eigenschaften schätzen und lieben. Trauen Sie sich etwas zu. Stellen Sie das Licht Ihrer Fähigkeiten nicht länger unter den Scheffel.

Ich erkenne meine Fähigkeiten und werde sie fördern.

Trotz allem glaube ich immer noch, daß die Menschen tief in ihrem Herzen gut sind.

Anne Frank

Durch das Tagebuch der Anne Frank kam ich zum ersten Mal mit dem Schrecken des Holocaust in Berührung, ebenso wie mit dem unglaublichen Mut und der großen Widerstandskraft des menschlichen Geistes.

Auch als Erwachsene bewegen mich die Worte dieses damals dreizehnjährigen Mädchens, ihre Fähigkeit zum Optimismus auch im Angesicht des drohenden Todes und ihr unerschütterlicher Glaube an die dem Menschen innewohnende Güte.

Manchmal ist es schwer, an diesem Glauben festzuhalten. Wenn wir von der Liebe desillusioniert sind. Wenn wir vor den Scherben unseres Leben stehen. Wenn es uns unmöglich erscheint, die Handlungen anderer zu begreifen, die uns so tief verletzt haben.

Dann hilft es, sich an Anne Franks Worte zu erinnern und an die Hoffnung, die in ihnen steckt. Wenn die Menschen tief in ihren Herzen gut sind, dann können wir ihnen ihre Verfehlungen vielleicht vergeben und weiterhin Liebe und Vertrauen schenken.

Ich glaube an das Gute im Menschen.

Beten. Darin liegt eine unermeßliche Kraft.

H. Jackson Brown, jr.

Die unermeßliche Kraft des Gebets kann nicht hoch genug bewertet werden. Wir beten um Geduld, um Führung, um die Stärke, Schwierigkeiten zu überwinden und unseren Schmerz in etwas Positives zu verwandeln. Wir beten, indem wir unsere Dankbarkeit für all die Freundschaft zum Ausdruck bringen, die uns stützt. Und wir beten um den Glauben, daß unsere Trennung ein positiver Wendepunkt ist, der uns wertvolle Dinge eröffnet, die uns in der Überzeugung bestärken, daß das Universum uns beschützt und daß unser Leben sich nach einem bestimmten Plan vollzieht.

Meine Gebete werden erhört.

Man kann nicht häufig genug von den Tugenden, den Gefahren und der Kraft gemeinsamen Lachens sprechen.

Françoise Sagan

Die Fähigkeit zu lachen, von ganzem Herzen zu lachen, wirkt Wunder. Das Lachen lindert unseren Schmerz. Es läßt uns unsere Sorgen vergessen, und sei es nur für einen Augenblick. Es gibt uns Hoffnung auf die Möglichkeit, daß wir uns jetzt und in Zukunft gut – wirklich gut – fühlen werden.

Verbringen Sie viel Zeit mit Freunden, mit denen Sie lachen können, mit denen Sie sich amüsieren können. Mit Freunden, die Sie daran erinnern, daß das Leben aus geteiltem Lachen, geteilter Freude und geteilter Liebe bestehen kann.

Lachen ist ein wirksames Heilmittel.

Ich liebe es, wach zu sein, wenn sonst keiner wach ist; entweder kurz vor dem Morgengrauen oder spät in der Nacht.

Mona Simpson

Einer der vielen Vorzüge des Alleinlebens ist die Freiheit, seinen eigenen Rhythmus zu leben.

Wir stehen früh auf, genießen die morgendliche Stille, die Stunden, in denen wir Zeit haben, die Zeitung zu lesen, unseren Kaffee zu trinken und ungestört unseren Tag zu planen.

Genauso schätzen wir die Nachtstunden, in denen alles ruhig und friedlich ist, in denen wir nach Herzenslust lesen, bei Kerzenlicht Briefe schreiben oder uns einfach Zeit nehmen können, um über die Ereignisse des Tages nachzudenken.

Keiner sagt uns, wann wir aufstehen sollen. Keiner diktiert uns, wann wir die Nachttischlampe oder den Fernseher ausschalten sollen, um zu schlafen.

Früher paßten wir uns seinem Stundenplan an. Jetzt genießen wir den Luxus, nach unserer eigenen, inneren Uhr zu leben.

Ich genieße die Freiheit, zu kommen und zu gehen, wann ich will.

Wenn ein Traum stirbt, hat man zwei Alternativen: Man kann sich mit der Wirklichkeit abfinden oder sich wie ein Narr in den nächsten Traum stürzen.

Nora Ephron

Wenn ich nur diese beiden Alternativen habe, dann wähle ich die zweite. Aber sicherlich sind das nicht die einzigen Alternativen, uns entweder mit der Realität abzufinden (d. h. unsere Erwartungen zurückzuschrauben) oder die Realität zu ignorieren.

Hier ist eine dritte und bessere Alternative: Wir sollten aus unserer Trennung lernen, sie akzeptieren und gleichzeitig den Mut finden, weiter zu träumen.

Es ist nicht töricht, wenn wir unseren Träumen folgen – auch denen von Liebe, Partnerschaft und Ehe –, solange wir mit offenen Augen voranstürmen und die Weisheit unserer Erfahrungen mit unserer Hoffnung und unserem Idealismus verbinden, die dadurch wohlbehalten und lebendig bleiben.

Meine Träume sind noch nicht tot.

Der Augenblick der Veränderung ist das schönste Gedicht.
Adrienne Rich

Wir haben so viele Veränderungen durchgemacht, und doch sind wir immer noch auf der Hut und voller Angst, wenn wir daran denken, beständig mit dem Unbekannten konfrontiert zu werden.

Doch mittlerweile haben wir gelernt, die Macht der Veränderungen schätzen zu lernen. Ob wir sie nun willkommen heißen oder nicht, seit unserer Trennung waren sie für viele positive Erfahrungen verantwortlich. Wir haben unseren Lebensstil verändert, unsere Beziehungen und unsere Karriere. Wir haben uns auch innerlich verändert, in unseren Werten, unseren Einstellungen, unserer Weltanschauung.

Veränderungen sind angsteinflößend. Gleichzeitig sind sie ein wichtiger Katalysator für persönliches Wachstum. Wir zählen die Veränderungen, die wir bis heute durchgemacht haben, und sehen unseren Kampf ebenso wie unseren Erfolg.

Ich stelle mich mutig den Veränderungen in meinem Leben.

Verwirrung ist ein Wort, das für eine Ordnung erfunden wurde, die noch niemand verstanden hat.

Henry Miller

Auf Veränderung folgt Verwirrung. In den Wochen und Monaten nach unserer Scheidung oder Trennung haben wir mit einem beträchtlichen Maß an Verwirrung leben müssen, oder, wie der Schriftsteller Henry Miller es formuliert, mit der «Unfähigkeit, dem Chaos in unserem Leben Sinn oder Ordnung zu geben».

So vieles war unsicher: Wie und wo wir leben würden. Wie unsere Kinder mit der Trennung fertig werden würden. Wie unsere Freundschaften sich infolge unserer Trennung verändern würden.

Jetzt sind wir nicht mehr ganz so verwirrt. Es ist sehr tröstlich, zu wissen, daß durch Zeit und Geduld die Dinge alle wieder ihre richtige Ordnung finden, daß wir jetzt viel weniger Angst vor Veränderungen haben und eher in der Lage sind, mit dem fertig zu werden, was vor uns liegt.

Selbst das, was ich jetzt noch nicht verstehe, werde ich schließlich begreifen.

Wenn man den alten Schmerz losläßt, schafft man Raum für neue Freuden.

Sefra Kobrin Pitzele

Wie bekommen wir heraus, in welchem Maß unser Schmerz aufgehört hat, uns im Griff zu halten? Indem wir Tag für Tag bemerken, um wieviel gesünder, glücklicher und energischer wir uns fühlen. Indem wir bemerken, wie selten wir nur noch über unsere Enttäuschung nachdenken und wie wir statt dessen der guten Dinge bewußt sind, die wir aus unserer Beziehung mitgenommen haben. Und indem wir bemerken, daß unser Vertrauen, unser Selbstvertrauen und unsere Vorfreude auf die Zukunft immer größer werden.

Stück für Stück läßt der Schmerz nach, während die Hoffnung die Verzweiflung verdrängt. Stück für Stück erkennen wir, wie sehr unsere Herzen schon geheilt sind – und weiter heilen.

Je mehr ich loslasse, um so mehr Raum schaffe ich für die Freude.

Für sich selbst zu sorgen ist nicht egoistisch – es ist lebenswichtig.

Veronica Ray

Hoffentlich hat unsere Trennung dazu geführt, daß wir uns nun stärker um uns selbst kümmern. Wo wir zuvor unsere eigenen Bedürfnisse ignoriert haben, haben wir uns jetzt vorgenommen, uns gesünder zu ernähren, regelmäßig Sport zu treiben, uns Zeit zur Meditation, zur Entspannung und zu anderen Aktivitäten zu nehmen, die unsere Gesundheit fördern und Vergnügen bereiten.

Und hoffentlich haben wir gelernt, daß es absolut nicht egoistisch ist, wenn wir unserem eigenen Wohlbefinden Aufmerksamkeit schenken. Ob wir uns nun auf andere intime Beziehungen einlassen oder nicht, es ist wichtig, daß wir die Sorge um uns selbst an die erste Stelle setzen. Das ist nicht nur unser Recht, sondern unsere Verpflichtung.

Ich werde darauf achten, mich selbst zu pflegen und für mich selbst zu sorgen.

Ich kann meinen Kopf häufiger durchsetzen, wenn ich mehr als nur einen Kopf habe.

Stephanie Abbott

In schweren Zeiten werden wir oft halsstarrig. Wir kompensieren das Gefühl, keine Kontrolle zu haben, indem wir unter allen Umständen versuchen, unseren Willen durchzusetzen, um Herrin unseres Schicksals zu bleiben.

Aber diese Art der Kontrolle ist lediglich eine Illusion. Wir glauben, daß wir unser Leben beherrschen, aber je starrsinniger wir an unseren Wünschen festhalten, um so weniger wahrscheinlich ist es, daß sie erfüllt werden.

Flexibilität jedoch ist befreiend. Wenn wir uns auf mehr als nur eine Weise öffnen und darauf vertrauen können, daß alles gut werden wird, dann ist es viel wahrscheinlicher, daß wir unseren inneren Frieden finden und ein positives Ergebnis erzielen.

Ich werde versuchen, den Dingen entspannter entgegenzutreten.

Jede Beziehung ist wie ein Lehrer. Wenn man die Lektion nicht lernt, kommt der Lehrer wieder.

Brenda M. Schaeffer

Manchmal haben wir das Gefühl, daß unsere Ehe oder unsere Beziehung Zeitverschwendung war – ein nutzloser, schmerzhafter Kampf, auf den wir gut hätten verzichten können.

Aber wir haben ein paar wichtige Lektionen gelernt. Durch Beziehung und Trennung sind uns Weisheit, Einsicht und persönliches Wachstum zuteil geworden.

Wir wissen, daß wir gesund werden, wenn wir in der Lage sind, uns diese Lektion ehrlich vor Augen zu führen: Lektionen über uns selbst, über unseren Charakter, Eigenschaften, an denen wir arbeiten sollten, und solche, die positiv sind. Wenn wir unsere Lektionen verstanden haben, ist es wenig wahrscheinlich, daß wir unsere Fehler wiederholen. Vielmehr werden wir auf den Fortschritten aufbauen, die wir während unserer Partnerschaft gemacht haben.

Ich anerkenne den erzieherischen Wert von Beziehungen und Trennungen.

Natürlich ist da immer noch das kleine Mädchen in mir, das sich manchmal fürchtet.

Sara Kay Cohen

In mir auch.

Ich könnte mir vorstellen, daß die meisten – wenn nicht alle – geschiedenen Frauen sich manchmal wünschen, sich mit ihrem Teddy zusammenrollen zu können und einfach nur so klein zu sein, wie sie sich fühlen.

Unsere Furcht überrascht uns. Wir leisten im Büro hervorragende Arbeit, und plötzlich kommt eine Panikattacke wie angeflogen, und wir würden am liebsten nach Hause gehen. Wir treffen uns zum ersten Mal nach unserer Trennung mit einem Mann, und plötzlich wird uns klar, daß wir nervös und zittrig sind und daß wir am liebsten unsere Mutter oder eine Freundin anrufen würden, damit sie uns zu Hilfe kommt.

Wir müssen uns selbst zu Hilfe kommen, indem wir das «kleine Mädchen» in unserem Innern trösten. Seine Angst ist Wirklichkeit. Geben wir ihm Unmengen von Liebe.

Ich werde es zulassen, daß ab und zu das «kleine Mädchen» in mir zum Vorschein kommt.

Unser einzige Aufgabe im Leben besteht darin, unsere eigene Seele zu retten.

Simone de Beauvoir

Ich bezweifle, daß das unsere einzige Aufgabe ist, aber sie rangiert unbestritten unter den «Top Ten».

Als wir bemerkten, daß es Zeit war, unsere Seele zu retten, war das vielleicht auch der Wendepunkt, an dem wir uns zur Trennung entschlossen. Viel zu lange haben wir versucht, unsere Beziehung auf Kosten unseres eigenen Glücks zu retten. Wir haben gelernt, daß wir nicht endlos unsere Bedürfnisse opfern können und unseren Seelenfrieden aufs Spiel setzen dürfen, ohne unsere Lebensqualität ernsthaft herabzusetzen.

Jetzt wissen wir es besser. Wir waren ehrlich zu uns selbst, wir haben getan, was notwendig war, um unsere Integrität zu bewahren. Wir müssen uns immer vor Augen halten, wieviel Mut erforderlich war, um diese tiefgreifende Entscheidung zu treffen.

Ich habe getan, was notwendig war, um mein eigenes Leben zu retten.

Und schließlich endet es damit, daß jeder dem «Falschen» einen Gutenachtkuß gibt.

Groucho Marx

Aber so muß es nicht sein!

Am Tiefpunkt unserer Beziehung fühlten wir uns im Bett trotz der Nähe unseres Mannes auf schmerzhafte Weise allein, es war fast so, als ob wir einem Fremden einen Gutenachtkuß gegeben hätten.

Jetzt stellen wir vielleicht gelegentlich fest, daß wir immer noch dem «Falschen» einen Gutenachtkuß geben, vielleicht weil wir einsam sind oder einfach nur, weil wir noch auf den Richtigen treffen müssen, dem wir mit Hingabe einen Gutenachtkuß geben – und bei dem wir uns auch auf den morgendlichen Kuß freuen.

Geduld. Der Gutenachtkuß, der Morgenkuß und all die Küsse dazwischen werden süßer sein, als wir es uns vorstellen können, sofern wir zur richtigen Zeit in den richtigen Armen liegen.

Ich kann warten.

Liebe ist das, was man mit jemandem durchgemacht hat.
James Thurber

Unser letztes Ziel innerhalb des Heilungsprozesses sollte darin bestehen, unserem Ex zu vergeben und die Liebe, die wir einmal für ihn empfunden haben, zurückzugewinnen. Die Liebe wegen allem, was wir gemeinsam durchgemacht haben: die harten Zeiten ebenso wie die wunderbaren, zärtlichen Momente. Die Liebe wegen dem, was wir uns zusammen aufgebaut haben – eine Familie, ein Heim – und wegen der Träume, die wir beide während unserer Beziehung realisierten.

Unsere Partnerschaft und unsere Trennung bleiben bedeutende Kapitel in der Geschichte unseres Lebens. Wenn wir in unserem Herzen Liebe finden können, Liebe für das, was wir waren, und für das, was er war, und für das, was uns miteinander verbunden hat, dann können wir mit Fug und Recht behaupten:

Mein Herz ist geheilt.

Und jetzt sind wir an einem anderen Ort – friedlich und sicher und voller weiterer Morgen.

Text einer Grußkarte

Tatsächlich sind wir an einem anderen Ort angelangt. Einem anderen Ort als dem, an dem wir uns am Tag unserer Trennung oder Scheidung befanden oder an dem Tag, als wir ausgezogen sind und die Reise zur Geburt unseres neuen Lebens begannen.

Wir blicken uns um und stellen fest, daß wir uns in einer neuen, ganz anderen Umgebung befinden – physisch, mental, spirituell. Jetzt können wir guten Gewissens sagen:

Ich habe Frieden mit mir selbst geschlossen.

Es ist besser, Liebe empfunden und Verlust erlitten zu haben, als niemals geliebt zu haben.

Alfred Lord Tennyson

Diese Worte klingen in meinen Ohren immer außerordentlich wahr. Sie besitzen eine besondere Bedeutung, wenn wir auf unsere Partnerschaft zurückblikken, hoffentlich mit weniger Bedauern und einem tiefen Gefühl der Dankbarkeit.

Wir stünden ohne unsere Beziehung nicht da, wo wir jetzt stehen. Wir danken für die Einsicht, die Weisheit und die innere Stärke, die wir im Kampf und im Überleben gewonnen haben. Wir danken für unsere Kinder, die Früchte unserer Liebe. Und wir danken für die tiefe Freude, weil wir geliebt haben und – wie kurz es auch gewesen sein mag – geliebt wurden.

Ja, wir haben viel verloren. Aber letztendlich ist es tatsächlich besser, Liebe und Verlust erlitten zu haben, als niemals geliebt zu haben.

Partnerschaft und Trennung haben mein Leben reicher gemacht.

Wenn die Fäuste geballt sind, kann man sich die Hände nicht reichen.

Indira Gandhi

Auch jetzt noch, da unsere Trennung schon einige Zeit her ist, überfallen uns Wut und Zorn auf unseren Ex. Wie konnte er uns das alles antun? Wie konnte er so gemein zu uns sein? Wie konnte er den Kindern gegenüber so verantwortungslos sein?

Doch wir müssen uns immer wieder vor Augen halten, was wir in diesem Jahr nach unserer Trennung schon mehrmals erkannt haben. Zorn bindet uns an die Vergangenheit und an unseren Partner. Wenn wir ihm vergeben, ist es leichter, weiterhin Umgang mit ihm zu pflegen, was ohnehin unvermeidlich sein wird, wenn wir gemeinsame Kinder haben. Durch Vergebung gelingt es uns auch, uns emotional von unserem Ex zu lösen und unser Leben selbst in die Hand zu nehmen.

Ballen Sie die Fäuste fest zusammen, spüren Sie Ihre ganze Wut. Und dann entspannen Sie die Hände wieder und atmen tief durch. Jetzt sind Sie bereit, ihm die Hand zu reichen.

Ich reiche ihm die Hand zur Versöhnung.

31. Dezember

Die Zukunft ist mehr als vielversprechend.

Maya Angelou

Ja!!!

Wir haben die Vergangenheit hinter uns gelassen; ihre Schatten bleiben, Erinnerungsstücke des Schmerzes, den wir ertragen haben, ebenso wie der Strecke, die wir seit dem Tag unserer Scheidung oder Trennung zurückgelegt haben.

Jetzt blicken wir in die Zukunft. Auf die aufregenden neuen Dinge, die wir ausprobieren wollen. Auf das Versprechen neuer Liebe, größeren Vertrauens, neuer Hoffnung und neuen Lebens, das vor Erfüllung und Freude überfließt. Wir beten um Selbstvertrauen, Glauben und ein offenes Herz, wenn wir uns – von diesem Augenblick an – weiterbewegen.

Auf in die Zukunft!